KB001502

이영숙 박사의
성품대화법

이영숙 박사의

성품대화법

지은이 이영숙
펴낸곳 도서출판 좋은나무성품학교

개정판 1쇄 2014년 12월 4일
개정판 9쇄 2021년 5월 21일

등록번호 제25100-2012-000057호
등록일자 2005년 7월 27일
주소 서울특별시 송파구 백제고분로 187
전화 1577-3828
팩스 02-558-8472
전자우편 goodtree@goodtree.or.kr
홈페이지 www.goodtree.or.kr / www.ikoca.org

책임편집 조은혜, 강우정
저자 일러스트 남동윤
디자인 책은우주다 seungdesign@hanmail.net

페이스북 /characterlee

ISBN 978-89-6403-326-5 (13320)

• 『이영숙 박사의 성품대화법』은 2009년 1월 15일에 발행된 『성품 좋은 아이로 키우는 부모의 말 한마디』의 내용을 개정한 도서입니다.

성품 대화법

| 이영숙 지음 |

LYS좋은나무성품학교

프롤로그

성품대화법의 위력

"엄마가 네 이야기를 책에 써도 되겠니?"

"글쎄요, 생각해 보고요."

원수 같았던 큰아들과의 관계를 풀면서 그 경험을 바탕으로 만든 '관계맺기의 비밀-TAPE 요법'으로 극적인 관계 회복을 경험한 후 아들과 제가 서로를 바라보면서 조심스럽게 다가가고 있을 때였습니다. 저는 아들과의 갈등과 화해에 대한 이야기를 풀어 '성품대화법'이 얼마나 큰 위력이 있는지에 대해서 책을 만들어 가고 있었습니다.

그런데 큰아들은 하루 동안 생각해 본 후에 결정하겠다고 말했습니다. 그 말에 내심 섭섭한 마음이 들었지만 그래도 아들의 스타일을 존중하기 위해 아무 말 없이 꾹 참고 기다렸습니다.

다음날, 마침내 큰아들이 말문을 열었습니다.

"엄마, 생각해 봤는데요. 제 이야기 써도 돼요. 그런데 조건이 있어요."

"뭔데?"

"엄마가 내 이야기를 쓰기 전에 세상에 있는 모든 부모들에게 '잔소리로는 자녀를 절대로 변화시킬 수 없다'는 것을 한바닥 쓰고 제 이야기를 쓰세요."

그 순간 눈물이 핑 돌았습니다. 큰아이가 얼마나 부모의 잔소리에 힘들어 했을지 절실히 깨닫게 하는 말이었습니다. 그렇습니다. 저는 잔소리 많은 엄마였습니다. 저의 수많은 잔소리와 강요가 저와 자녀의 관계를 가로막은 거대한 산이 된 것입니다.

그렇게 단절되어 있던 우리집을 기적적으로 변화시킨 것은 바로 '성품대화'였습니다. 성품대화의 힘으로 우리 가족의 관계는 급격히 회복되었습니다.

'성품대화'가 비단 우리 가정만을 변화시킨 것은 아니었습니다. 감사하게도 관계가 단절된 수많은 가정들이 성품대화법으로 회복되는 기적을 지난 10년 동안 수없이 지켜보았습니다.

올해 상해에서 온 한 어머니가 '성품대화법'으로 자녀와의 갈등을 극복한 놀라운 이야기를 소개해 봅니다.

몇 년 전 중국 상하이에서 거주할 때 이영숙 박사님이 진행하신 성품이노베이션 과정을 들은 적이 있었어요. 그때부터 성품교육이 자녀교육에 큰 도움이 된다고 생각했는데, 사춘기 아이들을 키우면서 '먼저 부모인 나부터 대화법을 바꿔야겠다'는 생각이 들어 부모성품대화학교를 수강하였습니다.

신기하게도 부모성품대화학교에서 배운 성품대화법을 그대로 적용했을 뿐인데 집에서 아이들에게 큰소리를 치는 일이 사라졌습니다. 아이들도 바뀌었죠. 첫째아이는 짜증이 줄고, 동생 탓을 하던 불평도 줄었습니다. 또한 이영숙 박사님이 가르쳐 주신 '관계맺기의 비밀 – TAPE 요법'을 통해 아이들이 제 곁에 존재하는 것만으로도 충분히 감사하게 되었습니다.

그 비밀은 이렇습니다. TAPE 요법의 4단계 중 첫 번째 단계인 '감사하기'를 적용해 보았습니다. 첫째아이를 꼭 안아주며 "네가 내 아들이어서 고맙다"라고 감사를 표현했지요. 이어 둘째가 틱 장애를 갖고 있어 상대적으로 큰아이를 많이 돌봐주지 못한 것과 이미 다 큰아이처럼 취급했던 것을 사과했습니다. TAPE 요법의 두 번째 단계인 '용서구하기'를 적용한 것이죠. 첫째아이는 처음에는 저의 갑작스런 변화에 얼떨떨해 하더니, 점점 적응했습니다. 이제는 저를 바라보는 표정이 따뜻하고 말투 또한 아주 다정합니다.

이렇게 성품대화는 저와 자녀와의 관계를 개선시켰습니다. 사실 그동안 성품은 타고나서 바꿀 수 없다고만 생각했는데, 성품대화를 통해 성품을 배우고 익히면 좋은 성품이 자라난다는 것과, 부모가 변하면 자녀의 성품도 자연스레 바뀐다는 것을 알게 되었습니다. 이런 깨달음을 주는 '성품대화법'이 더욱 더 많은 부모와 자녀들에게 알려지면 좋겠습니다. 많은 사람들이 제대로 된 인성을 갖춰야 한다고 말하지만, 여전히 입시교육에만 치우쳐 있는 것이 현실이지요. 이영숙 박사님의 성품대화법이 각 가정뿐만 아니라, 공교육 현장에도, 기업 등에도 알려서 과연 우리가 배워야 하는 것이 '성품'임을 깨닫게 되기를 바랍니다.

12기 좋은나무성품학교 성품대화학교 수료생 강○희 씨

오늘도 '좋은 성품의 물결'은 흘러갑니다. 어느새 강산이 변한다는 10년이라는 세월이 흘렀습니다. '성품대화법'으로 이룬 관계 회복의 기적들이 이곳저곳에서 행복의 강을 만들어 가정이 소생되고 학교와 교회 등……. 우리가 숨쉬는 세상을 향해 흘러갔습니다.

이런 행복한 기적이 더 많은 가정과 학교, 사회에서 펼쳐지길 간절히 꿈꿔봅니다. 또한 점점 치명적으로 변하는 세상 문화 속에서 자녀를 행복하고 올바른 성공으로 이끌고자 하는 모든 부모와 교사의 소망을 이루는 데에 이 책이 많은 도움이 되기를 바랍니다. 이 책이 나오기까지 사랑과 기쁨으로 수고해 준 모든 분들에게 진심으로 감사를 전합니다.

2014년 12월에

이영숙

Contents

| 3 장 |

균형 잡힌 성품을 위해 갖춰야 할 덕목들

| 4 장 |

부모의 말 한마디로 달라지는 아이의 성품

| 5 장 |

연령별 성품대화법

| 1 장 |

이 시대의 키워드, 성품교육

좋은 성품은 부모의 말 한마디에서부터 시작된다

"너 그 정도 아프다고 학원에 못 간다고 하면 언제 공부할래? 이래서 빠지고 저래서 빠지면 좋은 대학엔 어떻게 가니? 쯧쯧, 좋은 대학에 가야 연봉 높은 직장을 구하는 법이야. 누가 공부도 못하고 대학도 시원치 않은 곳을 나온 놈에게 높은 연봉을 주겠니?"

우연히 한 어머니가 자녀와 전화로 대화하는 소리를 들었습니다. 대화의 흐름으로 보니 몸이 아파 학원에 못 가겠다고 양해를 구하는 자녀의 전화인 듯했습니다. 몸이 아프다는 자녀의 말 한마디가 먼 훗날의 연봉으로까지 순식간에 전개되는 것을 보고 실로 놀라지 않을 수 없었습니다.

이런 말을 듣고 사는 자녀는 어떤 심정일까, 이런 마음을 가진 부모들의 자녀가 과연 성공할 수 있을까 하는 의문이 꼬리에 꼬리를 물고 일어났습니다. 사실 이 질문에 대한 해답은 오래전 어느 부부의 광범위한 연구를 통해 이미 증명되었습니다. 자녀교육 해법을 속속들이 밝혀낸 연구였습니다.

가정은 좋은 성품의 뿌리

1988년에 올리너 부부는 『이타적 인성』(The Altruistic Personality)이라는 책을 출간했습니다. 이 책에는 2차 세계대전 때 홀로코스트(Holocaust : 유대인 대학살)가 벌어지는 동안 동시대를 살면서 유대인을 '구출했던' 사람들과 다른 사람의 고통을 아랑곳하지 않고 자신만의 삶을 영위하며 '구출하지 않은' 사람들을 대상으로 한 대규모 연구 결과가 담겨 있습니다.

이 책을 보면서 흥미로웠던 점은 다른 사람을 도와준 구조 집단과 전혀 도움을 주지 않은 비구조 집단의 차이가 부모들의 양육 태도에 기인했다는 사실이었습니다. 부모가 자녀에게 해준 여러 말과 가정에서의 경험이 자녀가 다른 사람들과 어떻게 관계를 맺고 살아갈지를 결정하는 자녀의 성품이 되었습니다. 그리고 그 성품은 위기가 닥쳤을 때 삶의 양식이 되어 자녀들을 이끌고 있었습니다.

아무 죄 없이 유대인이라는 이유만으로 수용소에 끌려가 억울하게 죽어가는 사람들의 아픔을 공감하면서 그들을 도운 구조자들은 자신의 부모가 어떤 말들과 태도로 자신들을 교육했는지 설명했습니다.

"다른 사람을 돕는 것은 가치 있는 일이라고 말씀하셨지요."

"끝까지 참는 인내를 가르치셨어요."

"할아버지는 유대인이건 가톨릭 신자이건 모두 집에서 하는 성경공부에 초대하셨어요."

그들은 모두 가정에서 성품을 배웠습니다. 친절과 배려와 관용의 정신 등 훌륭한 성품을 부모의 행동과 말을 통해 배웠던 것입니다. 그래서 구조자들은 모두 스스로 도덕적 영웅이라고 생각하지 않고 '그저 해야 할 일'을 했을 뿐이라고 담담하게 말했습니다. 그들 대부분이 매우 사려 깊게 행동하고 사람들과의 관계에서 좋은 영향력을 끼치는 지도자들이었습니다. 다른 사람들의 고통에 공감할 수 있는 그들의 성품이 나치에게서 많은 유대인들을 살려냈습니다. 그리고 그들은 전쟁이 끝난 후에도 여전히 사람들 속에서 큰 영향력을 발휘하면서 지도자의 지위를 유지했습니다.

반면 동시대를 살면서도 시대적 위기와 다른 사람들의 고통에 눈감고 오직 자신의 생활에만 몰입하며 살았던 비구조자들은 인터뷰에서 자신의 부모에게서 다음과 같은 양육을 받으며 자랐다고 회상했습니다.

"경제적 가치를 도덕적 가치보다 귀중하게 여기셨어요."

"손해 보지 않고 사는 것을 가장 중요하게 여기며 사셨어요."

"부모님에게 억울한 취급을 당하는 일이 많았어요."

이런 부모들의 말과 행동을 보며 자란 사람들은 자신의 생활을 겨우겨우 이어가는 데만 집중하며 소시민적 삶을 살고 있었습니다. 고통당하는 다른 사람의 아픔에 공감하지 못하고 경제적으로 도움이 되는 일에만 몰두하고 살아온 것입니다.

이 연구에서 볼 수 있듯이 가정에서 부모에게 좋은 성품을 배운 이들은 시대적 사명을 다하는 지도자가 되어 성공하는 삶을 살 수 있었습니다. 좋은 성품은 결코 우연히 만들어지지 않으며 그 성품의 뿌리가 바로 가정인 것입니다.

진정한 성공이란

모든 부모는 자녀가 성공적인 삶을 살기를 소망하면서 자녀를 양육합니다. 현시대는 성공 지향주의에 입각해 모든 교육, 경제, 정치 시스템이 돌아가고 있는 것처럼 보입니다. 그러나 과연 무엇이 성공입니까? 어떤 자녀로 키우는 것이 진정한 성공의 길일까요? 공부만 잘하면 성품이 바르지 못해도 면죄부를 주고 마는 이 시대의 부모들에게 묻고 싶습니다. 삐뚤어진 성품을 지닌 채 높은 수익을 올리고, 높은 지위에 오르고, 혼자서만 안락하게 잘 산다면 과연 성공하는 것일까요?

지금 우리는 이 시대가 원하는 자녀상이 무엇인지 생각해 봐야 합니다. 우리나라는 OECD 국가 중에서도 높은 청소년 자살률을 기록

하고 있습니다. 이것이 공부를 최대의 과업으로 삼고 있는 우리나라의 현실입니다. 열심히 공부하던 청소년들이 우울증으로 고생하다 결국 자살하고 마는 비극을 멈추기 위해, 자녀의 물질적 성공만을 위해 노력하는 부모의 양육 태도를 재정립하고 새로운 방향을 제시해야 할 때입니다. 이제는 공부 잘하는 자녀보다 성품 좋은 자녀로 양육하는 일을 자녀교육의 목표로 세워야 할 때입니다. "이제는 성품입니다"라는 슬로건을 큰 소리로 외쳐야 합니다.

성품을 가르치는 최초의 학교, 가정

정신과 의사 프랭크 피트먼은 말했습니다. "모든 생활의 안정은 성품에 달려 있다. 결혼 생활을 오래 유지하고, 부모가 자녀들을 건설적인 시민으로 키우는 임무를 충실히 수행할 수 있도록 하는 것은 열정이 아니라 성품이다. 이 불안정한 세상에서 끊임없이 인내하며 자신의 불행을 초월할 수 있도록 하는 것 역시 다름 아닌 성품이다."

가정은 성품을 가르치는 최초의 학교입니다. 가정에서 부모와 함께 나누는 한마디 말이 자녀의 성품이 되고 부모가 보여주는 올바른 행동을 보고 자녀의 성품이 자랍니다. 아리스토텔레스가 말했듯이, 인간은 태어나면서 저절로 좋은 성품을 소유하지 않습니다. 좋은 성품은 평생 개인과 사회가 함께 노력해야 이룰 수 있습니다.

성품교육이
아이의
영혼을 살린다

한 아버지가 밤늦게까지 공부하고 새벽에 나가는 딸아이를 배웅한 후 안쓰러운 마음에 딸아이의 방문을 열어봤습니다. 그런데 여기저기 꾸겨져 있는 휴지들이 보여 그것들을 쓸어 담다가, 우연히 펼쳐진 종이 속 내용을 보고 큰 충격을 받았습니다. 많은 종이에 당장이라도 죽고 싶다는 아이의 절규와 차마 입에 담을 수 없는 욕설들이 빽빽하게 적혀 있었던 것이죠. 더욱 놀란 것은 그 욕설의 대상이 바로 자신의 인생을 모두 딸아이에게 바친 듯 헌신적으로 아이를 키우고 있는 자신의 아내, 곧 엄마였다는 점입니다. 아버지는 혹시라도 아이 엄마가 볼까봐 허둥지둥 치우고 놀란 가슴을 쓸어내리며 좋은나무성품학교를 찾아왔습니다.

부모를 욕하거나 심지어 때리는 아이들……. 어느 일간지는 요즘의 사회문제라고 지적합니다. 또 어느 정치가는 교육문제라고 하면서 입시 스트레스, 부모와의 갈등으로 고통받고 있는 청소년들을 향해 인격교육, 인성교육, 성품교육의 부재라고 큰 소리로 강조합니다. 그리고 이런 분위기에서 오늘날 자녀들의 영혼은 점점 더 허약해진 모습들을 드러내고 있습니다.

성품세미나에서 만난 두 형제의 이야기

제가 진행하는 성품세미나에 오셔서 상담하는 부모들의 자녀 문제 이야기를 들으면 정말 심각하고 답답한 상황이 많습니다. 그 중 밤마다 둘째 아들의 폭력에 시달리며 잠 못 이루는 가정의 사례는 매사에 자녀들을 비교하고 성취만을 강조하면서 키우는 부모들을 향한 경종이었습니다.

두 형제를 키우는 그 집은 겉보기에는 평범한 가정으로, 큰아들은 어려서부터 흠잡을 데 없는 모범생이었습니다. 그런데 공부도 잘하고 숙제도 잘하고 뭐든지 시키는 대로 잘해내는 큰아들과는 대조적으로 둘째 아들은 공부도 뒤처지고 뭐 하나 잘하는 것이 없었습니다.

그래서 부모는 날마다 둘째 아들에게 "네 형의 반만 닮아라"하는 주문을 반복하며 아이를 키웠습니다. 거기다 할머니까지 합세한 큰아들을 향한 사랑의 차별은 심각하게 커졌습니다.

그러던 중 공부는 못하지만 착하고 여렸던 둘째가 중학교 2학년이 되면서 집안의 분위기가 갑자기 달라지기 시작했습니다. 연년생인 둘째가 밤마다 커다란 마포 자루를 휘두르면서 자신의 형을 죽이겠다고 날뛰는 것이었습니다.

밤이 되면 그 집은 둘째 아들에게 맞지 않도록 큰아들을 숨기는 것이 일이었고, 말리는 할머니와 아빠, 엄마까지 모두 날뛰는 둘째 아들에게 몽둥이로 맞는 것이 다반사가 되었습니다. 둘째 아들은 "잘난 놈 나와 보라고 해. 공부 잘하는 놈 나와서 내 손에 한 번 죽어봐!"라고 외치며 온 집안을 쑥대밭으로 만들다가 새벽녘이 되어서야 잠이 들고, 아침이 되면 기운이 없어 학교에 가는 것을 거부하는 아이로 변해가고 있었습니다. 부모는 창피해서 아무에게도 말하지 못하고 감추다가 점점 심각해지는 둘째 아들의 모습을 더 이상 견딜 수가 없어 찾아온 것입니다.

저는 "공부! 공부!"하고 외치며 끊임없이 비교하고 열등감을 자극하면서 키운 자녀들의 실체를 보는 것 같아 무척 가슴이 아팠습니다. 한창 '엄친아'라는 단어가 유행했지요. 도저히 따라갈 수 없는 영원한 경쟁자, 우리 자녀들에게 피할 수 없는 열등감을 주는 대명사라고 할 수 있지요. 부모들이 별 뜻 없이 열심히 하라는 의미로 꺼낸 '엄마 친구의 아들' 이야기가 자녀들에게는 치명적인 열등감을 심어주고, 아이들은 내면의 상처를 안고 살아갑니다. 상처받은 아이들은 자신을 향한 존귀함을 찾지 못하고 비교와 열등감에 시달리다가 우울증을 앓기도 하지요.

성취를 강조하는 부모 vs 고통 받는 자녀

이제 우리 자녀들이 뿜어내는 고통의 소리들을 더 이상 외면하면 안 됩니다. 성취만을 강조하는 부모들과 깨어진 관계 때문에 괴로워하는 수많은 자녀들의 소원을 가슴에 담아야 할 때입니다.

이렇게 공부만 외쳐대던 부모들은 자신의 욕구를 어떻게 표현해야 하는지 배우지 못해 충동적으로 폭발하거나 생각지도 못한 엄청난 방법으로 탈선을 시도하는 자녀들 앞에서 당황합니다. 급기야 아이들이 자신의 생명조차 너무 가볍게 포기하는 현실 때문에 어찌해야 하는지도 모릅니다.

사실 이 시대의 많은 부모들이 자신의 모든 꿈과 소망을 담아 자녀 교육에 열정을 바치며 살고 있다고 해도 과언이 아닙니다. 남보다 더 잘 가르치고 싶다는 열망 때문에 가계의 수입을 초과하는 엄청난 금액을 사교육비에 쏟는 일조차 마다하지 않습니다. 그리고 언젠가 자녀가 공부로 성공한 후의 보상을 기대하면서 자녀의 인생을 다그치는 공부 매니저가 되어버린 부모의 모습을 쉽게 볼 수 있습니다.

세상에 태어나면서부터 '공부'라는 큰 고지를 넘어야 하는 자녀들은 인생 초반에는 자신의 삶과 직결된 부모의 소망에 잘 따르며 순응하다가 점점 부모에게서 독립해도 살아갈 수 있음을 깨달으면서 부모와 갈등을 겪기 시작합니다. 의미와 목적 없이 시작된 공부와의 싸움에서 받는 스트레스로 인해 학업을 중도에 포기하고 학교 가기를 거부하거나 자신의 생명을 스스로 던져버리는 일이 증가했습니다. 운

좋게 힘든 시기를 잘 이겨낸 청소년 가운데 일부는 원하던 대학에 들어가 성취했다는 기쁨도 잠시, 그 다음에는 어떻게 해야 할지 몰라 방황이 시작됩니다.

청소년기에 찾아야 할 자아정체성, 자신의 인생에 대한 바른 인식을 찾지 못한 채 청년기가 시작되면서 마음은 점점 공허감으로 채워집니다. 공부에만 익숙해진 그들은 대인 관계에서 갈등을 겪기 시작하고 급기야 대인 공포증으로 직장까지 포기하는 젊은이도 있습니다. 직장을 구해도 우울증에 시달리다가 결국 직장을 포기하고 치료받는 젊은이도 늘어갑니다.

요즘 병원에는 원인 불명의 행동장애, 정서장애로 치료받는 아이들이 많아지고 있으며, 우울증으로 치료받는 젊은이들도 크게 늘었습니다. 이러다가는 이 나라의 모든 국민이 '치료받는 국민'이라는 별명이 붙을까봐 두려움까지 앞섭니다. 왜 이 나라가 이렇게 병들게 되었을까요? 어떻게 하면 건강한 나라로 회복할 수 있을까요?

행복한 성공을 향한 지름길

종교 개혁자 마르틴 루터는 "한 나라의 국력은 군사력, 정치력, 경제력이 아니라 성품 좋은 국민이 얼마나 있느냐에 달려 있다"고 말했습니다. 맞습니다. 성품 좋은 국민이 바로 국력입니다. 공부가 아니라 성품이 승패를 좌우합니다. 개인과 나라의 성공이 바로 성품에 달려 있습니다.

성공하는 사회를 만들고 싶어 하는 사람이 있었습니다. 그는 의사였지만 더 좋은 사회를 만들고 싶다는 열망으로 사회 개혁 운동을 펼쳤습니다. 그러나 정치나 사회 개혁으로는 더 좋은 사회를 만들 수 없음을 깨닫고는 "단순한 정치 개혁만으로는 오늘날 사회 곳곳에 퍼져 있는 악을 제거하지 못한다"고 주장하면서 개인의 개혁을 강조하기 시작했습니다. 그는 1871년 『인격론』(Character)이라는 불후의 명작을 출간해 "성품이 바로 성공을 향한 동력"이라고 주장했습니다. 그가 바로 『자조론』(Self-help), 『검약론』(Thrift), 『의무론』(Duty)을 써서 오늘날까지 세상의 많은 지도자들을 변화시킨 영국의 새뮤얼 스마일즈입니다.

그렇습니다. 저는 자녀의 성공을 향한 지름길 역시 새뮤얼 스마일즈가 강조한 '성품'이라고 생각합니다. 개인의 인격적 개혁이 사회를 변화시키고 나라의 국력이 됩니다.

우리는 의미 없는 공부만 강조해서는 개인의 성공을 이룰 수 없음을 오랜 시간을 통해 지켜볼 수 있었습니다. 대학을 가기 위한 지식이 미래 사회에서 유용하지 않음을 경험을 통해 알 수 있었습니다. 학교에서 배운 지식이 지금 세상을 살아가는 데 얼마나 사용되고 있는지 생각해 보면 됩니다.

우리는 현재, 살면서 필요한 지식 정보는 인터넷만 검색하면 무제한으로 얻을 수 있는 시대에 살고 있습니다. 이제 대학을 가기 위한 암기식, 주입식 지식교육을 시키기보다 자녀들이 공부를 왜 하는지 목적의식을 갖게 하고 삶에 필요한 바른 태도와 풍성한 삶을 살기 위한 행복한 감정을 소유하게 해줘야 합니다.

개인의 생각과 감정, 행동을 변화시켜 진정한 자신을 위한 개혁을 스스로 시도하도록 기회를 주는 교육을 해야 합니다. 이것이 바로 성품교육입니다.

성품교육은 인격발달을 돕고 학습능력을 발전시킨다

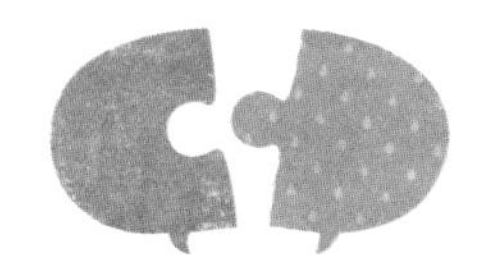

이게 바로 긍정적인 태도야!

여섯 살짜리 여자아이가 어린이집 교사와 함께 견학을 가서 놀다가 그만 그네에 부딪쳐 코뼈가 부러졌습니다. 병원에 실려가 진찰받은 결과 수술을 해야 했습니다. 놀라서 달려온 아이의 엄마는 이 모든 결과가 선생님이 아이를 잘못 돌봤기 때문인 것처럼 교사에게 비난을 퍼붓기 시작했습니다.

"아니, 선생님. 도대체 아이가 이 지경이 되도록 무얼 하고 있었단 말입니까? 어쩌다 코뼈가 다 부러진 거지요?"

그때 환자복을 입고 침대에 누워 있던 아이가 몸을 일으키며 말했습니다.

"엄마, 나 좀 봐봐. 이렇게 팔뼈도 안 부러졌고, 다리뼈도 안 부러졌어. 코뼈만 부러졌는데 이게 얼마나 감사한 일이야? 이게 바로 긍정적인 태도야."

딸아이의 태도에 놀란 엄마가 당황해서 아이와 교사를 번갈아 보다가 "선생님, 도대체 어떻게 가르치셨기에 아이가 이렇게 변할 수 있는 거죠?"하면서 오히려 교사를 존경스런 눈으로 바라봤다고 합니다.

그 아이는 좋은나무성품학교에서 배운 '긍정적인 태도'(Positive Attitude)를 잘 기억하고 있었습니다. 어렵고 힘든 상황에서 예전에 배운 성품의 정의를 적용해 자신의 생각과 말과 태도를 변화시켰습니다. 긍정적인 태도란 '어떠한 상황에서도 가장 희망적인 생각, 말, 행동을 선택하는 마음가짐'(좋은나무성품학교 정의)이라는 것을 자신의 생활 속에서 실천한 것입니다.

더 좋은 생각, 감정, 행동으로 변화시키는 성품교육

성품교육을 통한 가장 큰 혁신은 자녀들이 그동안 가지고 있던 생각을 변화시킨다는 것입니다. 아이들은 무슨 일을 하든 짜증내고 불만을 터뜨리고 절제할 수 없던 과거와 달리 더 좋은 생각이 무엇인지 생각하고 스스로 선택하게 됩니다.

아이들은 좋은 생각을 하면서 좋은 감정을 느끼는 경험을 통해 자신의 선택을 소중히 여깁니다. 또 자신이 느끼는 감정을 잘 표현하는 법도 배웁니다. 분노를 터뜨리고 화를 내 일을 그르칠 때도 그 결과를 직시하게 만들어 언제나 신중하게 선택하도록 도와줍니다. 다른 사람에게 조리 있게 말하는 법과 사람들을 대하는 태도를 배웁니다. 나의 행동이 다른 사람과 어떻게 관계 맺는지 알게 되면 더 좋은 행동을 하려고 노력하게 됩니다. 어려서부터 더 좋은 생각을 하게 하고, 더 좋은 감정을 소유하고 표현하게 하며, 더 좋은 행동을 선택할 수 있도록 가르치는 것이 바로 성품교육입니다.

성품이란 '한 사람의 생각, 감정, 행동의 표현'(이영숙, 2005)입니다. 각 개인의 생각-사고의 영역(Thinking), 감정-마음의 영역(Feeling), 행동-태도의 영역(Action)에서 더 좋은 가치를 선택할 수 있도록 모델링하여 보여주고 연습할 수 있도록 훈련하여 습관이 되면 자연스럽게 좋은 성품을 가진 아이로 성장합니다. 좋은 성품은 대인관계와 개인적 성취의 모든 부분에서 탁월한 사람이 되게 합니다.

부모나 다른 사람이 대신 세운 삶의 목표는 자녀에게 부담스러운 짐이 됩니다. 왜 하는지도 모르면서 강요에 의해 공부하면 자녀는 즐거움과 기쁨을 잃어버리고 부모와의 관계가 깨진 채 고립됩니다.

그러나 자신의 생각에 따라 스스로 세운 목표는 즐거운 삶의 원천이 되고 잠재능력을 발달시킬 수 있는 힘을 줍니다. 자신의 지식이 다른 사람에게 이익을 주는 사람이 되기를 소망하는 지혜의 성품을 가진 자녀는 자신의 성취가 다른 사람에게도 탁월한 성취가 되도록 노력합니다.

성품교육이 지적 탁월함을 만든다

스스로 더 좋은 가치를 생각하고 느끼고 행동할 수 있도록 성품의 문을 열어주면 자녀는 더 큰 목표를 스스로 세우면서 삶을 주도적으로 이끌고 나갑니다. 그래서 성품 좋은 사람이 공부도 잘합니다. 도덕적 탁월함이 우선되면 지적 탁월함도 함께 성취할 수 있음은 현시대의 교육을 염려하는 마음으로 실행한 많은 연구 결과들이 증명해 줍니다.

미국 세인트루이스 미주리대학교의 심리학자인 마빈 버코위츠(Marvin W. Berkowitz)와 멜린다 비어(Melinda C. Bier)는 그가 발표한 보고서 「성품교육을 통해 이루어지는 것들」(What Works in Character Education)에서 성품교육을 실시한 초등학교와 그렇지 않은 학교를 비교해 보니 성품교육을 받은 아이들이 지적능력이 훨씬 뛰어났다고 보고했습니다.

또 캘리포니아발달연구센터에서는 12개의 초등학교를 대상으로 3년 동안 전국적인 조사 연구를 진행했습니다. 12개의 학교에서는 좋은 성품을 키우는 독서교육과, 여러 학생들과 어울려 협동하게 하는 협동학습을 강조하면서 학생의 문제행동을 무작정 야단치기보다 학생들이 이해할 수 있도록 적절히 훈계하며 성품교육을 실시했습니다. 아이들에게 배려가 무엇인지 가르쳐 주고 배려 받는 행복한 경험을 할 수 있도록 가르쳤습니다. 가정에서도 성품교육을 할 수 있도록 부모들을 위한 성품교육을 제공하면서 포괄적으로 다양한 성품교육을 실시했더니, 성품교육을 받지 않은 12개 다른 초등학교와 비교했을 때 성품교육을 실시한 학교의 학생들이 훨씬 학업성취도가 높았다고 증명했습니다. 그뿐 아니라 교실에서의 행동, 학업 성취동기, 독서 이해력이 매우 뛰어남이 증명되었습니다. 그 외에도 많은 연구들이 성품교육을 통해 개인이 갖추어야 할 성품의 덕목이 신장될 때 자아인식과 자존감이 높아지고 그 결과 학업성취도는 물론 예술과 지식 등 삶의 다양한 분야에서 긍정적인 변화와 발전이 일어났다고 말합니다.

성품교육으로 일어나는 변화들

제가 2005년에 성품전문교육기관인 '㈔한국성품협회 좋은나무성품학교'를 설립해 좋은 성품을 가르치기 시작했을 때 처음에는 많은 사람들이 궁금해 했습니다. 어떻게 보이지 않는 성품을 가르칠 수 있느냐는 것이었습니다. 그리고 성품은 천성적으로 타고나는 것인데 어떻게 가르침으로 더 좋아질 수 있느냐는 질문이 많았습니다. 더구나 교육은 계획하고 실천하고 평가할 수 있어야 하는데 추상적이라고 생각해 온 성품에 대한 교육을 어떻게 계획하고 실천하고 평가할 수 있느냐고 물어왔습니다.

그러나 성품교육을 받은 자녀들이 변화하는 사례를 눈으로 직접 지켜보면서 모든 궁금증이 해소되기 시작했습니다. 성품교육이 얼마나 한 개인에게 인격적인 변화를 가져다주는지를 깨닫고 그 중요성을 실감했다고 증언하게 된 것입니다.

성품교육은 기적을 현실로 만든다

성품교육은 기적 같은 일을 현실로 이루어지게 합니다. 저에게도 이러한 깨달음을 뼈저리게 실감할 기회가 있었습니다. 바로 큰아들을 키우면서였습니다. 결혼 후 처음으로 부모가 된 저희의 미숙함이 큰아이에게 그대로 흘러갔습니다. 아빠는 엄격한 부모에게 받았던 양육법을 거르지 않고 그대로 큰아이에게 행사했고 기대수준이 높은 엄마는 자신의 기준대로 수많은 잣대를 만들어 큰아이를 교육했습니다. 아빠가 아이의 작은 실수에도 매를 들면서 남자라는 이유로 울지 못하게 감정을 억압하는 방법으로 큰아이를 통제할 때, 한쪽에서 엄마는 끊임없는 잔소리로 아이를 가르치려 들었습니다.

일찍이 기술고시라는 큰 관문을 통과해 사회생활을 탄탄대로로 시작한 아빠는 경험상 '공부 잘하는 길이 성공'이라는 공식으로 자녀양육의 방향을 잡았는지 모르겠습니다. 또 교육학을 전공해 박사 학위까지 받은 엄마는 자신의 권위를 인정받기 위한 수단처럼 큰아이가 자신의 이론대로 성장하길 바라는 욕심에 따라 교육하려 했던 것 같습니다. 지금 생각해 보면 그때 우리 큰아이가 받았을 스트레스가 얼마나 컸을지 그저 미안하고 또 미안한 마음뿐입니다.

너 또 이러면 100대 맞을 줄 알아!

우리 가정의 자녀교육은 시작부터 기울기 시작하더니 시간이 흐를수록 큰아이의 성장을 통해 잘못돼가고 있음이 드러났습니다. 우리가 아무리 강압적인 방법을 총동원해도 큰아이의 성적은 오르지 않았습니다. 아이의 욕구 불만은 엄청난 섭식장애로 나타나더니 나중에는 제어할 수 없을 정도로 몸무게가 늘어났습니다. 기대수준이 높고 욕심이 많던 부모는 아무리 해도 안 되는 자녀양육으로 인해 좌절과 절망이라는 단어를 처음으로 실감하면서 나중에는 두 손, 두 발을 다 들고 항복했습니다.

그러던 어느 날, 사춘기에 접어든 큰아들의 반기가 부모와 자녀 사이에 새로운 관계의 길을 열어주었습니다. 참다못해 폭발한 아이의 절규가 우리 부부를 정신 차리게 한 것입니다.

"아빠, 아빠가 저를 때릴 때는 정말 제 아빠가 아닌 줄 알았어요. 이다음에 커서 꼭 복수하겠다고 생각했어요. 크면서 아빠를 다시 보니 제가 가장 존경할 사람이 아빠라는 생각이 드는데, 아빠가 저를 때리는 것은 도저히 이해가 안 가요. 꼭 다른 사람 같아요. 다른 사람이 아빠를 이상한 사람으로 볼까봐 저는 그게 싫어요."

정확하게 자신의 부모를 평가하는 큰아들의 낭랑한 목소리가 우리 부부의 가슴에 얼마나 깊게 파고들었는지 모릅니다.

"그러니까 네 말은, 내가 별로 좋은 아빠가 아니라는 거지?"

당황한 남편이 되묻자 큰아들이 다시 정확하게 이야기했습니다.

"아니에요, 아빠. 아빠가 나쁜 아버지라는 게 아니고 아빠는 사회적으로나 신앙적으로 참 좋은 아버지인데 어느 한 면, 제가 아빠 뜻대로 안될 때 화내시면서 저를 때릴 때는 이상한 아버지가 된 것 같아서 싫다는 거예요."

이 일로 남편은 큰 충격을 받아 문을 닫고 들어가 아버지의 역할에 대해 깊이 고심하기 시작했습니다. 훗날 남편은 아이들에게 "미안하다. 그동안 아빠가 아버지 역할을 잘 못했어. 어떻게 하는 것이 좋은 아버지 역할인지 모델이 없어서 아빠는 그냥 할아버지가 내게 한 대로 하면 되는 줄 알았어. 이제 그것이 잘못임을 알았다"라고 말하면서 용서를 구했습니다.

그날 큰아들은 제게도 비수같이 날카로운 말을 던졌습니다.

"엄마, 엄마는 그때 어디 계셨어요? 아빠라는 사람이 자기 자식을 100대 때리는 날, 엄마는 저를 보호해 주지 않고 어디 갔었어요?"

그날은 큰아이가 학기말 시험 점수를 형편없이 받아온 날이었고, 점수를 본 남편은 "너 다음에 또 이러면 아빠한테 100대 맞을 줄 알아"

라고 불호령을 내렸습니다. 그러나 다음 달 시험점수는 더 형편없이 떨어졌고 남편은 약속대로 안방 문을 잠근 채 아이를 때리기 시작했습니다. 결혼 전 우리 부부는 자식을 낳아 기를 때 '엄마가 야단치면 아빠는 가만히 있기, 아빠가 야단치면 엄마는 가만히 있기'라는 약속을 해둔 터라 남편이 아이들을 야단칠 때 참견하지 않는 것을 불문율로 여기고 있었습니다.

큰아이는 자신을 보호해 주지 않은 엄마를 원망하는 목소리로 다시 제 가슴을 찔러댔습니다. 제가 울면서 큰아이에게 말했습니다.

"아들아, 미안하다. 엄마가 처음으로 너를 기르면서 어떻게 해야 할지 잘 몰랐어. 그래서 네가 맞던 날 엄마는 부엌에서 엎드려 울었어. 그리고 어떻게 훈계하는 것이 정말 바른 교육법인지 연구하기 시작했지. 용서해라. 엄마, 아빠는 네가 첫 자녀라 어떻게 가르치고 대해야 할지 잘 몰랐단다."

그날이 바로 저와 큰아들이 가슴으로 만난 의미 있는 날이었습니다. 그 일을 계기로 부모인 우리가 어린 자녀들에게 행하는 모든 일이 자녀의 가슴속에 그대로 쌓인다는 것을 처음으로 알았습니다. 또 그 일은 우리 세 자녀에게 정말 자상하고 친구 같은 아버지를 선물로 주는 의미 있는 일이 되었습니다.

그 다음부터 우리 부부는 우리 생각대로 자녀에게 강요하지 않았습니다. 효력도 없는 강요와 지시로 사랑하는 자녀의 마음을 아프게 하고 싶지 않았기 때문입니다. 우리는 일일이 가르치기보다 커다란 원칙을 주기 시작했습니다. 예를 들어 공부를 잘하라는 말보다 "하고 싶은 일보다 하지 않으면 안 될 일을 먼저 하자"라고 말해주었습니다. 공부를 열심히 하라는 말이 아니라 "가는 길 험해도 웃으면서 걸어가자"라고 적어주었습니다. 온 식구가 만날 때마다 자녀들의 성적표에 관심을 갖기보다는 "나를 통해 주변 사람들이 행복해지도록 만들자"라는 말로 자녀들이 주변 사람을 돌보는 모습을 크게 칭찬하며 기뻐했습니다.

돌이켜 생각해 보니 세 아이를 키우면서 수없이 되풀이했던 이 말들이 바로 성품교육이었습니다. 자녀의 성취보다 성품에 관심을 기울이는 자녀교육을 한 것입니다. 그런 다음부터 큰 아들은 시키지 않아도 스스로 공부하기 시작했습니다.

내 인생이 소중해서 최선을 다하고 싶어요!

사실 우리 부부는 큰아들의 대학 전공까지 선택해 주었습니다. 경영학이 모든 사업에 기본이 된다고 생각해 비즈니스를 전공하게 했습니다. 하지만 큰아들은 1년 만에 자신의 전공이 적성에 맞지 않는다며 전공을 커뮤니케이션으로 바꿔버렸습니다. 저는 본국의 아이들도 어려워하는 커뮤니케이션을 아들이 유학생 신분으로 전공한다는 것이 내심 염려스러웠지만 내색할 수 없었습니다. 그동안 부모의 뜻에 따르느라 희생한 수많은 시간들을 보상해 주고 싶었기 때문입니다. 스스로 선택하고 결단하고 자신의 선택에 책임지는 아들의 모습을 지켜주고 싶었습니다.

큰아들은 스스로 밤을 새우며 공부했습니다. 그렇게 자신이 선택한 공부를 책임감 있게 해나가는 모습을 보면서 저는 부모의 책임감으로 자녀의 길을 대신 선택하려고 했던 열정이 얼마나 잘못된 것이었는가를 깨달았습니다. 좋은 성적으로 학업을 마치고 당당하게 졸업한 아들의 모습을 통해 자녀들도 스스로 자신의 길을 선택하고 개척하길 바라는 열망을 가지고 있다는 것을 배웠습니다.

큰아들은 또다시 자신의 길을 선택했습니다. 이번에는 로스쿨에 진학해 국제 변호사가 되어 유엔에 가서 일하겠다고 자신의 계획을 밝혔습니다. 엄마인 저로서는 아들이 공부하는 모습을 지켜보기가 너무 힘들었습니다. 그래서 그냥 쉬운 길을 택하면 안 되겠느냐고 물었습니다. 대학을 졸업했으니 직장을 갖고 결혼도 하고 그냥 평범하게 살면 안 되겠느냐고 말했습니다. 하지만 큰아이는 "내 인생이 무엇보다 소중해서 최선을 다하고 싶어요"라고 말했습니다.

저는 내심 많이 놀랐습니다. 아이의 이상은 부모보다 높았습니다. 아이들의 가치를 소중하게 인정해 주고 스스로 깨닫게 하면 부모보다 훨씬 높은 이상을 향해 스스로 나아간다는 것을 알았습니다.

네가 내 아들인 것만으로도 고마워!

그러던 어느 날, 아들이 찾아와 이렇게 말했습니다.

"엄마, 분명히 말씀드리는데 지금부터 제가 살을 빼면 엄마가 빼라고 해서 빼는 것이 아닙니다. 제가 빼는 것입니다."

당시 저는 큰아들의 살과의 전쟁을 해오던 터였습니다. 사실 145킬로그램이나 나가는 아들의 몸을 보는 일은 저에겐 가장 큰 고통이었습니다. 아들의 몸만 보면 제 인생이 망가진 것 같은 패배감이 저를 괴롭혀서 급기야는 아들을 다이어트 시키기 위한 전쟁을 치르며 살았습니다. 그때마다 큰아들은 "저는 살찐 몸이 괜찮다는데 엄마가 왜 제 인생에 관여하세요"라고 매몰차게 말하며 보란 듯이 더 많은 음식을 먹었고 그럴 때면 아들을 이해할 수 없어 잔소리를 늘어놓느라 아들과의 관계가 깨어지곤 했습니다. 그런데 그랬던 아들이 이제는 자기 입으로 살을 빼겠다고 말하는 것이었습니다.

그때 저는 아들에게 말했습니다.

"아들아, 괜찮아. 네가 좋으면 나도 좋아. 나는 네가 내 아들인 것만으로도 고마워."

정말 그랬습니다. 많은 고통의 시간들을 보내고 나서야 자녀가 어떤 모습으로든 있는 그대로 아이들의 존재 자체에 감사하는 법을 배우고 있던 중이었습니다. 자녀의 존재 자체가 내게는 감사한 일이라는 것을 알게 되자 저는 드디어 아무것도 요구하지 않는 사랑을 할 수 있었습니다.

아들은 제 얼굴을 가만히 쳐다보더니 그때부터 서서히 살을 빼기 시작했습니다. 정말 놀라웠습니다. 쌀 한 톨 입에 대지 않고 물과 토마토, 채소만 먹으면서 자신의 몸을 바꿔나가는 아들의 체계적이고 계획적인 다이어트 과정을 보면서, 저는 큰아이가 소유한 엄청난 인내의 성품을 보며 감탄하지 않을 수 없었습니다.

드디어 아들은 75킬로그램까지 감량하는 기적을 이루어냈고, 저는 엄청난 양의 운동으로 자신의 몸을 단련해 가는 아들의 모습에서 아무도 흉내 낼 수 없는 절제의 성품이 큰아들에게 있음을 비로소 알았습니다.

자녀교육 최고의 성공비법

몇 년이 지난 지금까지 자신의 모습을 눈부시게 지켜내는 큰아들을 보면서 그동안 부모의 잔소리로 무엇인가 해줄 수 있으리라고 생각한 것이 얼마나 부질없는 착각이었는지를 깨닫고 몹시 부끄러워졌습니다. 자신의 인생에 대한 가치와 기쁨을 발견하도록 좋은 성품을 갖게 하면 자녀는 스스로 성장합니다. 이제 부모들은 자녀의 미래가 부모의 손에 달려있다는 착각을 버리고 자녀들이 스스로 자신의 일생을 꿈꾸도록 기회를 주어야 합니다.

결코 공부 잘하는 자녀로 만드는 것이 자녀교육의 성공이 아닙니다. 좋은 성품을 지니고 자신의 인생을 책임지는 자녀로 만드는 것이 성공하는 자녀교육의 길임을 저는 큰아들을 통해 깊이 배울 수 있었습니다.

공부도 자녀가 스스로 선택하는 가치가 되도록 지도해야 합니다.

부모의 강요나 지시 때문이 아니라 자녀 스스로 선택해 성취의 기쁨을 경험해 보게 하는 과정이 필요합니다. 자기 내면에 감추어진 잠재 능력을 찾고 개발하는 기쁨을 맛본 자녀는 자신의 기쁨을 위해 스스로 공부합니다.

자신이 무엇을 해야 하는지 알고 스스로 선택할 수 있는 책임감의 성품을 갖춘 자녀들은 스스로 공부를 선택합니다. 그리고 그런 아이들이 진짜 공부를 잘하게 됩니다.

성품교육은 인생의 문제를 해결하는 능력을 길러준다

좋은 성품이란 무엇입니까?

앞에서 살펴본 코뼈 부러진 아이의 사례에서 볼 수 있는 것처럼 성품을 가르치면 더 좋은 생각, 더 좋은 감정, 더 좋은 행동을 기대할 수 있습니다. 많은 사람들이 '좋은 성품이란 무엇입니까?'라고 질문하는데, 이는 '갈등과 위기 상황에서 더 좋은 생각, 더 좋은 감정, 더 좋은 행동으로 문제를 해결하는 능력'(이영숙, 2010)입니다. 즉 '어떤 환경에서도 항상 옳은 일을 선택할 수 있는 결단력'(이영숙, 2010)이라고 말할 수 있습니다.

좋은 성품은 내적인 동기에 의해 어떠한 상황에서도 최고의 행동 기준에 따라 옳은 일을 행할 수 있는 태도라고 말할 수 있습니다. 또한 좋은 성품은 나이나 지위, 재력과 인종, 교육 수준과 성별, 종교, 개성을 초월해 자기 안에 새겨진 능력이며, 스스로 마음속에서 우러나오는 자기 결단에 따른 반응입니다.

부모는 어려서부터 자녀에게 좋은 성품을 개발시켜주기 위해 노력해야 합니다. 미국의 여성 사회운동가 애나 루스벨트의 말처럼 "성품 개발은 유아에서 시작돼 생의 마지막까지 계속되는 가장 위대한 작업"이기 때문입니다.

좋은 성품은 우연히 이루어지지 않고, 순간순간 결단에 의해 이루어지는 각자의 삶에 새겨진 자질입니다. 그러므로 부모는 좋은 성품 개발을 무엇보다 우선순위로 놓고 열심히 가르쳐야 합니다.

우선 "좋은 성품은 대화를 통해 길러진다"라는 말의 의미를 이해하기 위해서는 다음과 같이 성품의 특성을 이해해야 합니다.

성품의 5가지 특성

첫째, 성품은 눈에 보이는 것입니다. 좋은 성품을 알아볼 수 있을 때가 있습니다. 바로 삶의 위기나 갈등이 몰아치는 때입니다. 어려운 상황이나 삶의 압박에 대처하는 모습이 바로 그 사람의 성품입니다. 아무도 모를 것 같은 상황에서 보이는 행동이 바로 성품입니다. 그 사람에게 좋은 성품이 있다면 다른 사람에게도 그대로 보이는 법입니다. 좋은 성품은 숨겨지지 않고 그대로 드러나는 특성이 있습니다. 그래서 성품은 눈에 보이며 특히 위기 때 더 잘 알 수 있습니다. 평상시에도 성품을 볼 수 있는데 말과 생각, 표현하는 방법과 태도들이 바로 성품입니다.

둘째, 좋은 성품은 사람들 사이에서의 여러 가지 관계로 나타납니다. 사람들은 좋은 성품을 가진 사람이 지도자가 되면 기뻐합니다. 좋은 성품을 가진 지도자 옆에는 항상 좋은 사람들이 많이 모여 있게 마련입니다. 유유상종이라는 말도 있듯이 사람들은 비슷한 사람끼리 모여 살려는 심리가 있습니다. 그리고 좋은 성품의 지도자는 사람들을 옳은 길로 인도하는 역할에 기뻐하며 많은 사람의 유익을 위해 자신의 역할을 감당합니다.

또한 좋은 성품을 가진 사람들은 자신이 속한 삶의 영역에서 좋은 성품으로 이루어낸 아름다운 열매들을 많이 지켜볼 수 있습니다. 열매를 보고 좋은 나무를 알 수 있는 것처럼 좋은 성품도 여러 가지 삶의 열매로 나타납니다. 성품이 바로 삶의 열매입니다. 이렇게 좋은 성품은 인간관계에서의 성공으로 시작해 삶의 여러 영역에서 아름다운 열매로 결실을 맺습니다.

셋째, 성품은 습관입니다. 한번 굳어진 습관은 좀처럼 바꿀 수 없습니다. 하지만 새로운 습관으로 대체할 수는 있습니다.

좋은 성품을 지니고 있다는 것은 좋은 습관을 가지고 있다는 뜻입니다. 습관은 오랫동안 무의식적으로 행해온 기억들이 모여 형성된 '기억 더미'입니다. 매일 무의식적으로 반복해서 행한 버릇들이 습관이 되어 우리를 지배합니다. 그래서 사람이 습관을 만들지만 나중에는 습관이 사람을 지배한다는 말도 생겨났습니다. 반복적인 행동이 일단 뇌 신경회로에서 일정 부분을 차지하게 되면 장기 기억으로 자리 잡기 때문에 좀처럼 사라지지 않습니다.

인간의 기억이란 뇌 신경세포(뉴런)의 네트워크인 신경회로에 저장된 정보라고 할 수 있습니다. 우리가 매일 피아노 연습을 한다고 하면 처음 배우기 시작할 때는 선생님이 가르쳐준 대로 기억하면서 연습하기 때문에 서툴고 어색하지만 연습을 반복하면 우리 몸이 무의식중에 나름의 방식을 익혀 자연스럽게 움직이게 됩니다. 마찬가지로 매일 무의식적으로 하는 행동이 우리 몸에 자연스럽게 습관으로 익혀집니다. 그래서 몸에 밴 습관을 고치는 일은 마음처럼 쉽지 않습니다. 그렇기 때문에 어른을 가르치기가 아이를 가르치기보다 훨씬 어렵습니다. 몸에 밴 습관이 더 많고 장기 기억화되었기 때문입니다.

그러면 몸에 밴 나쁜 습관을 어떻게 바꿀 수 있을까요? 어떻게 새로운 습관으로 변화시킬 수 있을까요? 사실 습관은 바꿀 수 없습니다. 다만 새로운 습관으로 대체할 수 있는 것이죠. 먼저 바꾸고 싶은 '나쁜 습관'과 반대되는 '좋은 습관'이 무엇인지 생각하고 그 '좋은 습관'으로 대체하는 연습을 날마다 합니다. 매일 행동으로 옮겨 뇌 속에 '좋은 습관 전용회로'를 만들면 되는 것입니다.

이것이 바로 성품교육, 즉 어떤 생각이 좋은 생각인지를 가르치는 것입니다. 바른 생각을 알게 해주는 일이 좋은 성품을 만드는 시작입니다. 모든 행동은 사고에서 나오기 때문입니다. 인간이 갖는 희로애락의 정서가 바로 그 사람의 성품입니다. 감정은 모든 행동을 선택하는 강력한 동기가 되기 때문에 좋은 감정을 가지고 잘 표현하는 방법을 가르쳐야 합니다.

상황에 맞는 말과 행동을 선택해 몸으로 옮기는 것은 고도의 능력입니다. 결코 저절로 이루어지지 않습니다. 가르치고 훈련해야 얻을 수 있는 인격적 결단입니다. 그래서 좋은 성품이란 타고나는 것이 아니라 가르침과 훈련으로 얻게 되는 것입니다. 이 시대에는 '좋은 성품교육'을 중점적으로 연습해야 합니다. 좋은 성품이 몸에 밴 사람들이 모여 사는 나라가 얼마나 행복한 세상이 될지 우리는 쉽게 상상할 수 있습니다. 서로 경청하고 배려하고 기뻐하고 감사하고 순종하고 인내하며 책임감 있고 창의성 있는 성품으로 모든 일을 해나가는 세상, 긍정적인 태도로 서로를 존중하고 절제하고 사랑하면서 지혜롭게 살아가는 사람들이 모인 세상, 생각만 해도 가슴 벅차지 않습니까?

넷째, 성품은 예의입니다. 현대 사회에서는 예의가 바로 경쟁력입니다. 예의는 사람의 됨됨이를 말해주므로 사람이 가장 강력한 자원인 현대 사회에서는 예의 바른 사람이 성공할 수 있습니다. 그리고 예의는 갑자기 생겨나지 않습니다. 아리스토텔레스는 "사람의 우수성은 일회적으로 나오지 않는다. 그것은 오랜 세월 동안 계속된 반복적인 습관에서 나온다"라고 말했습니다. 좋은 생각이 좋은 행동으로 표현되고, 그 행동을 반복할 때 좋은 습관이 되며, 그 습관이 바로 예의 바른 사람으로 만듭니다. 그래서 예의는 바로 성품입니다. 예의는 다른 사람을 존중하는 표현이고, 타인을 배려하는 마음이며, 마음속에 있는 친절을 나타내는 성품입니다.

다섯째, 성품은 말입니다. 19세기의 영국 시인 바이런은 "말은 사상이다. 작은 잉크 방울이 안개처럼 생각을 적시면, 거기에서 수백, 수천의 생각이 가지를 치고 나온다"라고 했습니다. 사람의 말을 들어보면 그 속에 성품이 들어 있습니다. 그 사람의 생각이 말에 가지를 치고 나오기 때문입니다.

말은 또한 위력이 있습니다. 말로 생각과 감정을 다스리고 행동을 구체적으로 다스리기 때문입니다. 또한 다른 사람들과 관계를 맺어 나가는 데 말을 가장 많이, 유력하게 사용합니다.

대화, 좋은 성품의 시작

위의 다섯 가지가 모두 포함된 것이 바로 대화입니다. 대화란 말로 전달하는 것뿐 아니라 서로의 생각을 주고받는 성품의 표현이며, 서로의 감정을 주고받는 성품의 표현이고, 서로의 행동을 주고받는 성품의 표현입니다.

시인 하만 스타인은 "울리지 않는 종은 종이 아니며, 부르지 않는 노래는 노래가 아니고, 표현하지 않는 사랑은 사랑이 아니다"라고 했습니다. 사랑이 마음으로만 느끼는 데 그치지 않고 구체적으로 표현되어야 하는 것이라면 그 사랑의 표현이 바로 사람의 말입니다. 사람이 살아가면서 할 수 있는 사랑의 표현이 바로 대화입니다. 그래서 사랑이 있는 말을 하면 사람을 살리는 생명의 말이 되고, 사랑이 없는 말을 쏟아놓으면 사람을 죽이는 죽음의 말이 됩니다.

대화는 다른 사람과 관계를 이어주는 통로입니다. 그리고 성품이 바로 대화입니다. 그 사람의 됨됨이를 표현하는 방법이 바로 대화이기 때문입니다. 우리는 대화로 풍성한 관계를 맺어나가기도 하고, 무심코 던진 한마디가 불씨가 되어 관계가 깨지고 불행해지기도 합니다. 이런 이유로 우리는 대화를 통해 성품교육을 시도하려 합니다.

존중하는 대화

다른 사람을 인정하며 높여주는 존중

존중(Respect)이란 '나와 상대방을 공손하고 소중하게 대함으로써 그 가치를 인정하며 높여주는 태도'(좋은나무성품학교 정의)를 말합니다. 그 반대는 무례함으로 다른 사람을 함부로 대해 상처를 주는 태도입니다. 이 시대의 문제점은 부모나 어른들의 스트레스가 늘어나 아이들을 존중하는 언어나 행동을 보여줄 마음의 여유가 없다는 데 있습니다. 어른들이 아이들을 함부로 대해 상처를 주는 일이 점점 많아지고 있습니다.

이렇게 존중받지 못하고 자란 아이들은 다른 사람을 존중하는 법을 모릅니다. 직접 경험해보지 못한 성품을 가르치기란 참으로 어려운 일이기 때문입니다. 그래서 점점 사회의 예의범절이 무너지고 곳곳에서 무례한 행동들이 나타나고 있습니다. 영상 매체에는 잔인하고 야비한 장면이 범람하고 아이들이 그러한 장면에 그대로 노출됩니다. 자라나는 청소년들의 언어에는 욕설과 음란한 언어가 급격히 증가하고 있습니다.

토마스 리코나는 "언어란 문명 지수이며 언어의 변화는 사회적으로 중요하다"라고 말했습니다. 존중을 표현하는 한 가지 수단이 바로 언어이기 때문에 나쁜 언어가 증가한다는 것은 사회적으로 도덕성이 하락하고 있다는 증거가 되기도 합니다. 이러한 시대에 부모와 어른들이 어린 자녀들에게 존중이라는 성품을 가르치는 일은 더없이 중요한 과업입니다. 다른 사람을 존중하는 일은 바로 '내가 대접받고 싶은 만큼 다른 사람을 대접하라'는 황금률의 실천이기 때문에 이 사회를 더 행복하게 만드는 지름길입니다.

1) 존중심을 키우는 성품 연습

① 다른 사람이 말할 때 잘 경청합니다.

② 다른 사람이 말하는 도중에 끼어들지 않습니다.

③ 다른 사람의 별명을 부르거나 흉을 보지 않습니다.

④ 배려가 무엇인지 알고 언제나 신중하게 행동합니다.

⑤ 다른 사람의 물건을 소중하게 여깁니다.

⑥ 경우에 합당한 예의를 지킬 줄 압니다.

⑦ 부모님과 선생님의 말씀을 잘 듣습니다.

⑧ 불평하거나 말대꾸하지 않습니다.

⑨ 다른 사람의 마음을 세심하게 살핍니다.

⑩ 나쁜 말이나 욕을 사용하지 않습니다.

⑪ 힘이 없는 사람을 도와줍니다.

⑫ 만나는 사람에게 밝게 인사합니다.

2) 존중심을 발달시키는 자녀교육법

모든 성품을 가르치는 최선의 방법은 부모와 교사가 역할 모델이 되는 것입니다. 부모가 손수 모범을 보여줄 때 어린 자녀들은 갈등 없이 그 성품을 배웁니다. 일상생활에서 부모가 존중하는 태도를 보여주면 자녀들은 세상을 존중하는 방법을 배웁니다. 그러므로 다른 사람을 존중하는 자녀로 키우기 위해서는 자녀를 사랑과 존중으로 대하는 일이 가장 중요합니다. 존중받고 자라는 아이들은 자신의 경험을 쉽게 다른 사람에게 적용하기 때문이죠.

이제 다음과 같이 자녀에게 존중심을 가르치세요.

첫째, 존중이란 무엇인지 정확한 정의와 의미를 가르쳐 주세요.

존중이란 '나와 상대방을 공손하고 소중하게 대함으로써 그 가치를 인정하며 높여주는 태도'(좋은나무성품학교 정의)라고 가르치면서 "네가 생각하는 존중이 무엇인지 말해주겠니?"라고 말하세요. 아이는 자신이 생각하는 존중의 정의를 이야기하면서 자신의 시각에서 이해한 존중의 개념을 정리합니다. 그리고 그 정의를 써서 벽에 붙여 중요성을 마음에 새기게 합니다.

또한 무례한 행동을 하지 않도록 규칙을 정해줍니다. 갈수록 욕을 하거나 권위를 존중하지 않는 아이들이 늘어나고 있습니다. 부모는 아이가 어른에게 말대꾸를 하거나 무례하게 행동하면 자녀의 평판에 치명적이라는 사실을 직시하고 고치도록 가르쳐야 합니다. 무례한 행동은 습관이 되기 전에 잡아야 하므로 아무리 힘들어도 단호한 태도로, 절대 포기하지 않고 일관된 태도를 보여야 합니다.

둘째, 무례한 모습을 보이는 즉시 교정해 주세요.

자녀가 무례한 행동을 할 때마다 즉시 행동을 지적해야 합니다. 아이의 인격이나 성격이 아닌, 아이의 행동에만 주목합니다. 예를 들어 "네가 쓰는 '제기랄'이라는 말은 들어줄 수가 없구나. 그건 욕이야. 절대 써서는 안 된다", "엄마가 말할 때 넌 다른 곳을 쳐다보고 있구나. 그건 버릇없는 행동이란다. 그렇게 하지 마라", "징징거리면서 말하는 것은 좋은 태도가 아니야. 엄마는 정중하게 말해야 들을 거야"라고 말합니다.

셋째, 무례한 행동을 보이면 관심을 주지 말고 무시하세요.

아이들은 관심을 끌기 위해 무례한 행동을 할 수 있습니다. 부모가 이러한 행동을 무시하고 관심을 주지 않으면 아이들은 행동을 수정할 수 있습니다. 자녀가 무례한 행동을 할 때 다른 곳을 보거나 그 자리를 피하십시오. 그리고 그럴 때마다 "그만 해라. 그건 무례한 태도야. 네가 예의 바르게 이야기할 수 있을 때 다시 이야기하자", "그렇게 화내면서 말하면 듣지 않을 거야. 엄마 방에 있을 테니 정중하게 말할 수 있을 때 다시 오려무나"라고 이야기해 주세요.

그래도 안 되면 교정해 줘야 합니다. 훈계란 자녀에게 바람직한 행동을 가르치기 위해 가르치고 지도하면서 문제 행동을 미리 예방하는 것입니다. 가르치고 일러주어도 행동이 수정되지 않으면 적절한 교정 방법을 사용해야 합니다.

넷째, 예절을 가르쳐 주세요.

예절은 어렸을 때부터 가르쳐야 효과적입니다. 아이들에게 "……해 주세요", "고맙습니다", "실례합니다", "……해도 될까요?", "죄송합니다" 등의 경어를 가르쳐 주어 예의 바르게 말할 수 있도록 지도해 주세요.

다섯째, 인사하는 예절을 가르칩니다.

바르게 서서 고개를 숙이고 인사하는 법을 알려주고, 상냥한 목소리로 "안녕하세요!"라고 말하라고 가르쳐 주세요. 어른이 물을 때는 자신 있게 대답하고, 자신과 옆에 있는 다른 사람을 소개하는 법도 가르칩니다.

〈말할 때의 예절(대화 예절)**〉**

- 밝고 긍정적인 태도로 대화를 시작합니다.
- 다른 사람이 이야기할 때 중간에 끼어들지 않고 경청합니다.
- 말하는 사람의 눈을 쳐다보며 대화합니다.

- 기분 좋은 목소리로 명랑하게 말합니다.
- 말하는 사람에게 긍정적인 관심을 보이고 있음을 몸으로 표현합니다.(고개 끄덕이기, 맞장구치기 등)

〈식사 예절〉

- 식사 시간에 맞춰 식탁에 앉습니다.
- 식탁 차리는 법을 정확히 익힙니다.
- 똑바로 앉습니다.
- 냅킨을 무릎에 둡니다.
- 모자는 벗습니다.
- 음식을 준비한 사람에게 감사를 표합니다.
- 식사하기 전에 어른이 앉기를 기다립니다.
- 적당한 양을 먹습니다.
- 맛있는 것만 골라 먹지 않습니다.
- 국물을 먹을 때 소리를 내지 않습니다.
- 젓가락질하는 법을 제대로 익힙니다.
- 일어나 멀리 집지 말고 "……좀 주시겠어요?"라고 부탁합니다.
- 반찬 그릇을 끌어당기지 않고, 빈 그릇을 포개놓지 않습니다.
- 도구의 정확한 사용법을 익힙니다.
- 식탁에 팔꿈치를 대지 않습니다.
- 입을 다물고 음식을 씹습니다.
- 입 안에 음식이 있으면 말하지 않습니다.
- 식사를 마치면 수저를 가지런히 내려놓습니다.
- 식탁에서 먼저 일어설 때는 실례해도 되겠냐고 양해를 구합니다.

- 식사 후 뒷정리를 도와줍니다.
- 식탁에서 일어나기 전에 준비한 사람에게 감사하다고 말합니다.

〈손님 접대 예절〉

- 문 앞까지 나와 손님을 맞이합니다.
- 손님에게 먹을 것을 대접합니다.
- 손님과 함께 앉습니다.
- 손님에게 뭘 하고 싶은지 물어봅니다.
- 손님과 이야기를 나눕니다.
- 문까지 손님을 배웅하고 작별인사를 합니다.

〈시간과 장소에 상관없이 언제나 지켜야 하는 예절〉

- 입을 가리고 재채기를 합니다.
- 욕을 하지 않습니다.
- 트림을 소리나게 하지 않습니다.
- 험담을 하지 않습니다.
- 손님이나 웃어른을 위해 문을 잡아드립니다.

〈방문 예절〉

- 집안 어른에게 인사부터 합니다.
- 어질러놓은 것은 치웁니다.
- 하룻밤을 보냈다면 방을 깨끗이 치우고 잠자리를 정리합니다.
- 도움이 필요한지 살펴 집주인을 도와줍니다.
- 초대한 사람에게 감사의 말을 합니다.

<웃어른에 대한 예절>

- 웃어른이 방에 들어오면 벌떡 일어섭니다.
- 나이든 어른이 웃옷을 입을 때 도와드립니다.
- 웃어른이 떠날 때는 대신 문을 열고 계속 잡아드립니다.
- 앉을 의자가 없으면 자리를 양보합니다.
- 웃어른이 불편해 하는 점을 배려합니다.
- 차 문을 잡아드리고 필요하면 차 안까지 모셔다드립니다.
- 친절하게 대하고 잘 보살펴드립니다.
- 웃어른의 생김새나 주름살, 잘 듣지 못하는 것, 지팡이 사용 등을 놀림감처럼 말하지 않습니다.

<운동 예절>

- 경기를 할 때에는 규칙을 지킵니다.
- 장비(기구)를 함께 사용합니다.
- 같은 팀 선수들을 격려합니다.
- 허풍을 치거나 잘난 체하지 않습니다.
- 실수해도 웃지 않습니다.
- 야유를 보내지 않습니다.
- 심판의 말에 이의를 제기하지 않습니다.
- 상대편이 이기면 진심으로 축하해 줍니다.
- 경기가 끝나면 멈춥니다.
- 함께 힘을 합쳐 승부를 겨룹니다.

〈전화 예절〉

- 우선 인사를 하고 이름을 말합니다.
- 통화해도 되는지 정중히 묻습니다.
- 분명하고 즐거운 목소리로 묻습니다.
- 전화를 건 사람에게 "실례지만 어디신가요?" 하고 묻습니다.
- 만약 아는 사람이면 이름을 말하며 인사합니다.
- 통화할 사람을 찾는 동안 "잠시 기다리세요"라고 정중하게 말합니다.
- 메시지를 주고받습니다.
- 극장이나 공연장 등 공공장소에서는 휴대폰을 꺼놓습니다.
- 공공장소에서 휴대폰을 사용해야 한다면 다른 사람에게 방해되지 않도록 조용히 사용합니다.

이상의 예절을 자녀에게 어릴 때부터 지속적으로 가르치세요. 저녁 식사 시간을 이용해 자녀들이 세상에 나가 어떤 모습으로 살아야 하는지 가르친다면 자녀들이 성품이 훌륭한 리더로 성장하는 모습을 볼 수 있을 것입니다. 성품은 이렇게 그 사람의 생각과 말과 태도로 나타납니다.

| 2 장 |

성품교육은 대화로 이루어진다

성품대화를 위해 준비해야 할 것들

앞에서 성품이란 '한 사람의 생각, 감정, 행동의 표현'(이영숙, 2005)이라고 했습니다. 그러므로 성품대화란 '대화를 통해 한 사람의 생각, 감정, 행동에 영향을 끼쳐 더 좋은 성품으로 표현되도록 돕는 대화'(이영숙, 2009)라고 볼 수 있습니다. 이는 다른 사람의 생각과 마음과 행동까지 수용하며 마음을 열어 친밀한 관계를 나눌 수 있는 대화로, 말하는 사람의 생각, 느낌, 행동을 열어 함께 의사소통함으로써 서로의 성품을 자라게 하는 대화를 말합니다. 이런 대화들을 나누기 위해서는 준비해야 할 마음가짐을 유념해서 살펴봐야 합니다.

1) 존중하는 마음

성품대화는 상대방을 존중하는 마음에서 시작합니다. 상대방을 존중하지 않는 마음으로 대화를 시작하면 관계를 망칩니다. 존중이란 '나와 상대방을 공손하고 소중하게 대함으로써 그 가치를 인정하며 높여주는 태도'(좋은나무성품학교 정의)입니다.

관계를 망치는 대화의 특징

관계를 망치는 대화들을 자세히 살펴보면 몇 가지 특징을 발견할 수 있습니다. 바로 상대방을 존중하지 않는 생각에서 비롯된다는 것입니다. 자신의 가치관과 다르게 행동하는 타인을 무시하거나 나쁘다고 판단을 내려 꼬리표를 붙이기도 합니다.

"너는 너무 이기적이어서 탈이야", "너는 너무 게을러", "그렇게 느려서 언제 성공하려고 그러니?", "못난 놈", "너는 나쁜 애야", "너는 머리가 나빠" 등의 비난이나 모욕, 비판, 비교, 분석, 낙인을 찍는 말이 모두 자신의 판단으로 다른 사람에게 꼬리표를 붙이는 모습입니다. 꼬리표를 붙이는 것은 상대방을 존중하지 않고 무시하는 태도이므로 그렇게 대화를 시작하면 관계가 깨집니다. 그런 대화는 삶을 고립시키고 비참한 관계를 만들어냅니다.

강요나 지시 또한 관계를 깨뜨리는 말입니다. 일반적으로 부모들은 자녀들을 향한 특정한 패러다임을 가지고 있는데, 바로 자녀의 성공을 위해서는 '강요'하고 '지시'해야 한다는 것입니다.

일반적으로 부모들은 자녀의 바람직한 미래를 보장하기 위해서는 더 많은 것들을 가르쳐야 한다는 패러다임을 가지고 있습니다. 그래서 자녀들에게 분명한 목표를 제시해 주고 확실하게 통제하고 지시해야 한다고 생각합니다. 자녀들은 아직 미숙하기 때문에 성공하게 만들기 위해서는 인생 경험이 풍부한 부모가 강력한 힘을 발휘해 자녀에게 영향력을 발휘해야 한다고 생각하는 것입니다.

부모들은 '지시'를 통해 자녀들의 많은 행동을 통제하는 방법을 가장 쉽게, 가장 많이 사용합니다. 또, 지시가 자녀들을 통제하고, 행동과 방법을 더 자세하게 터득시킬 수 있는 '강력한 수단'이라고 생각합니다.

그러나 지시는 과거의 패러다임이고 실패하는 부모 자녀 관계의 대표적인 모형입니다. 많은 부모 자녀 관계가 이러한 패러다임을 소유한 부모로 인해 깨지고 회복하기 어려울 정도의 위기를 경험했습니다. 이러한 패러다임을 가진 부모들은 10을 이루기 위해서는 반드시 "5+5=10"이라는 공식만 있다고 단정 짓습니다. 그래서 "10이라는 성공을 위해 너는 반드시 5에다 5를 더해야 한다"라고 자녀에게 지시합니다.

그러나 21세기는 개인화, 가치의 다양화, 정보의 무제한적 공유의 시대입니다. 부모가 일방적으로 지시해서는 미래를 준비하는 자녀들에게 올바른 방향을 가르쳐줄 수 없습니다. 그러므로 오히려 "?+?=10"이라는 패러다임으로 자녀를 가르쳐야 합니다. 지금은 10이라는 성공을 만들기 위한 다양한 접근이 필요한 시대입니다. 2에다

8을 더해도 10을 만들 수 있고, 6에다 4를, 7에다 3을 더해도 10을 만들 수 있습니다. 10이라는 성공을 위한 방법이 다양하다는 것을 깨달아야 합니다.

미래형 부모의 조건

미래형 부모는 자녀의 다양한 가치를 인정하고 내 자녀만이 소유한 개별적인 재능과 장점을 발굴하도록 도와주는 패러다임을 가져야 합니다. 지식이 쏟아지는 세계에서 자녀에게 꼭 필요한 지식을 함께 찾으며 정보를 활용하는 법을 가르쳐주고, 미래를 개척해갈 수 있는 창의성과 지혜의 성품으로 인생을 성공적으로 만들어갈 수 있도록 도와주어야 합니다.

미래형 부모가 되려면 우선 자녀에 대한 패러다임부터 바꿔야 합니다. 길이 오직 한 가지밖에 없으니 무조건 이래야 한다고 지시하는 일방향 패러다임에서 여러 가지 길을 제시하고 선택하게 하는 쌍방향 패러다임으로, 지시하고 강요하는 명령형 부모 패러다임에서 자녀의 가치를 인정하고 존중하는 미래형 패러다임으로 바꿔야 하는 것입니다.

자녀가 무한한 잠재 능력을 가졌다고 보기 시작하면 존중하는 마음으로 대화를 할 수 있습니다. 그러나 문제의 해답을 부모가 모두 가지고 있다고 장담하지 않길 바랍니다. 문제의 해답은 문제를 겪는 사람이 가장 잘 알고 해결할 열쇠도 가지고 있다고 생각의 틀을 바꿔야 합니다. 부모는 자녀의 성공을 위한 길을 함께 찾아가는 동반자라는 의식을 가져야 합니다.

존중하는 마음으로 시작하는 대화가 성공적인 관계를 만들어 줍니다. 이제까지 익숙하게 해왔던 꼬리표 붙이는 작업을 멈추십시오. 강요와 지시의 부모 패러다임을 바꾸세요. 자녀를 존중하는 마음으로 대화를 새롭게 시작하세요.

2) 관찰하는 마음

성품대화는 자녀를 관찰하며 하는 대화입니다. 다른 사람을 존중한다면 그 사람을 관찰하게 됩니다. 무시하는 대상은 관찰하지 않고 자신의 생각으로 판단을 내립니다. 자녀를 관찰하는 성품대화를 하려면 어떤 상황에서 있는 그대로, 실제로 어떤 일이 일어나고 있는가를 관찰해야 합니다. 크리슈나무르티는 "평가하지 않으며 관찰하는 것이 인간 지성의 최고 형태"라고 말했습니다. 자녀의 행동이 마음에 드는지의 여부를 떠나 판단이나 평가를 내리지 않으면서 관찰한 바를 그대로 말하는 것이 바람직합니다. 이렇게 대상을 관찰한 그대로 묘사하면서 대화를 시작하면 그 대상을 존중하는 마음이 표현되어 서로 마음이 통하는 대화를 할 수 있습니다.

반면 언제 어디서든 건성으로 주고받는 대화로는 마음을 주고받지 못합니다. 오직 상대방을 존중하는 마음을 갖고 관찰하면서 마음을 다하는 성품대화를 통해서만 대화의 질을 높일 수 있습니다. 비난하지 않고 상황을 관찰한 대로 말함으로써 자신의 정확한 느낌이나 욕구를 자연스럽게 묘사할 수 있고 상대방도 방어적인 자세로 듣지 않기 때문에 서로 진심을 정확하게 묘사할 수 있습니다.

정신분석학자 롤로 메이는 "성숙한 사람은 감정의 여러 가지 미묘한 차이를 마치 교향곡의 여러 가지 음처럼, 강하고 정열적인 것부터 섬세하고 예민한 느낌까지 모두 구별할 능력이 있다"고 말했습니다. 다른 사람의 미묘한 감정의 차이를 구별하는 능력은 존중하는 마음으로 관찰을 잘 할 수 있을 때 가능합니다. 사실 어떤 사람의 말과 행동을 잘 관찰하기만 해도 좋은 대화를 나눌 수 있습니다. 저는 이것을 '경청'이라는 성품으로 정의 내립니다.

경청이란 '상대방의 말과 행동을 잘 집중하여 들어 상대방이 얼마나 소중한지 인정해 주는 것'(좋은나무성품학교 정의)입니다. 상대의 말뿐 아니라 행동까지도 경청해 주고, 눈에 보이지 않지만 속마음까지도 경청해 주는 것이 바로 상대를 소중하게 생각하고 존중하는 태도입니다. 이런 성품은 상대를 존중하는 마음으로 관찰할 때만 가능합니다. 다음의 평가와 관찰을 비교해 보세요.

평가와 관찰의 예

① 평가자가 평가의 근거를 표현하지 않고 '~이다'라고 단정한 경우

- "저 아이는 마음이 후한 아이야."(평가)
- "저 아이가 친구들과 놀 때 양보를 많이 하는 것을 보니 마음씨가 넉넉한 아이라는 생각이 든다."(관찰)

② 다른 사람의 생각, 느낌, 의도나 욕구에 대해 자신이 추측한 것만 사실이라고 암시하는 경우

- "희경이는 절대 과제물 제출 기간까지 그 일을 끝내지 못할 거야."(평가)
- "희경이가 과제물 제출 기간까지 모든 과제물을 끝내지 못할 것 같은 생각이 든다"(관찰)

③ 사실과 추측을 혼동한 경우

- "그렇게 운동을 하지 않으면 금방 몸이 약해질 거야."(평가)
- "규칙적으로 운동을 하지 않으면 몸이 약해질까 걱정이 된다."(관찰)

④ 대상 지칭이 구체적이지 않은 경우

- "요즘 애들은 예의가 없어."(평가)
- "여기 사는 아이들이 어른을 보고 인사하는 모습을 본 적이 없다."(관찰)

⑤ 평가가 내포된 단정 짓는 말을 쓰는 경우

- "희원이는 게으름뱅이야."(평가)
- "희원이가 숙제를 미리미리 스스로 하는 모습을 보지 못했다."(관찰)

⑥ 사실을 말하지 않고 능력을 단정 짓는 경우

- "대호는 형편없는 축구 선수야."(평가)
- "대호는 12차례 경기에 나가서 한 골도 넣지 못했어."(관찰)

⑦ 외모를 보고 평가하는 경우

- "경희는 못생겼어."(평가)
- "나는 경희의 외모에 끌리지 않아."(관찰)

우리는 일상에서 자신도 모르는 사이에 다른 사람들을 얼마나 많이 평가하면서 사는지 모릅니다. 이렇게 서로 꼬리표를 달고 평가가 섞인 대화를 주고받다 보면 원치 않게 고통스러운 관계가 되어버립니다. 우리 삶이 꼬이고 어려운 것도 모두 이 때문이 아닌가 합니다. 따라서 지금 내가 하는 말이 관찰인지 평가인지를 매순간 식별하면서 사는 지혜가 필요합니다.

3) 느낌 뒤에 숨겨진 욕구를 찾는 마음

성품대화는 말하는 사람의 느낌과 욕구를 표현하는 대화입니다. 우리가 살면서 느끼는 것들에 대해 얼마만큼의 가치를 두고 표현하는지 생각해 봅시다. 사실만을 말하는 것이 중요하고 느낌을 말하는 일은 쓸데없다고 여길 때는 없습니까? 자신의 느낌보다는 다른 사람들이 '올바른 사고방식'이라고 말하는 틀을 더 가치 있다고 생각하는 경향은 없습니까? 가만히 보면 우리는 때로 자신의 내적인 동기와 느낌보다는 '다른 사람들이 옳다고 여기는 틀'에 자신을 맞추려 노력하면서 살고 있음을 발견하게 됩니다.

있는 그대로의 느낌을 표현하지 못하는 이유

사람들이 자신의 느낌을 그대로 솔직하게 표현하기를 어려워하는 이유가 무엇일까요?

첫째, 솔직히 자신의 느낌을 표현했다가 거절당한 경험이 있기 때문입니다. 자라면서 양육자에게 자신의 느낌을 존중받지 못한 경험이 있는 사람은 또 거절당할까 두려워 자신의 감정을 숨기며 사는 경우가 있습니다.

제가 아는 어떤 사람은 초등학교 입학 때 어머니가 빨간 가방을 사다 주었다고 합니다. 남자인 그 분은 여자아이들이 주로 들고 다니는 빨간색 가방을 메고 학교에 가기가 죽기보다 싫었다고 합니다. 그래서 어머니에게 창피하다고 말했더니 불호령이 떨어졌습니다. 가난한 살림에 가방을 사다 준 것만도 감지덕지해야지 무슨 배부른 소리를 하느냐고 큰 꾸중을 들은 것입니다. 그 후 무서운 엄마에게는 아무 말도 못 하고 학교에 갈 때마다 너무 창피해서 똑바로 걷지 못하고 가방이 안 보이게 일부러 담벼락에 기대 옆으로 걸어갔다고 합니다. 이렇게 자신의 느낌을 이야기했다가 면박을 당한 경험이 있는 사람은 자신의 느낌을 표현하지 않을뿐더러 다른 사람의 느낌을 받아주는 일에도 무감각한 사람으로 성장할 수 있습니다.

둘째, 느낌을 제대로 표현하는 방법을 모르기 때문입니다. 다양한 느낌을 나타내는 어휘를 사용해 보지 않은 사람은 자신 안에 있는 강렬한 감정을 구체적으로 어떻게 표현할지 잘 모릅니다. 느낌을 나타내는 어휘력이 풍부할수록 자신의 감정을 정확히 표현하고 다른 사람과 친밀한 관계를 유지할 수 있습니다.

우선 자녀들의 느낌을 받아주는 일이 중요합니다. 한 연구에 따르면 5세 이전 자녀들의 감정을 아버지가 공감해 주며 양육한 아이들을 15년 후에 조사해 보니 그렇지 못한 아이들보다 공감인지능력이 훨씬 높다고 합니다. 공감인지능력(Empathy)이란 '다른 사람의 기본적인 정서, 즉 고통과 기쁨, 아픔과 슬픔에 공감하는 능력으로 동정이 아닌 타인에 대한 이해를 바탕으로 하여 정서적 충격을 감소시켜 주는 능력'(이영숙, 2005)입니다. 이 능력은 바로 다른 사람을 향한 배려의 성품, 경청의 성품, 감사와 기쁨의 성품 등 다양한 좋은 성품으로 표현됩니다.

아버지들이 어린 자녀에게 해줄 수 있는 최대의 선물은 아이의 감정에 공감하고 그 느낌을 소중하게 여겨주는 태도입니다. 예를 들어 아빠가 퇴근해서 집에 돌아와 보니 어린 딸아이가 오빠와 싸우고 씩씩거리고 있다고 가정해 봅시다. 억울해하던 아이가 아빠를 보자 울음을 터뜨리며 달려듭니다. 그때 아빠가 어떻게 말하느냐에 따라 아이의 성품이 달라집니다.

자신이라면 어떻게 말하고 싶은지 다음의 빈 칸에 적어보세요.

"너희는 왜 날마다 싸우고 그러니? 시끄러우니까 싸우려거든 너희들 방에 들어가서 싸워."

"어이구, 우리 공주님. 왜 이리 화가 나셨을까? 저런, 오빠가 때렸다고? 그래서 이렇게 화가 잔뜩 나고 억울해하는구나. 이리 와라. 아빠가 풀어줄게."

( )

이때 아버지가 어린 자녀에게 공감을 표현해 주면 아이는 다른 사람을 배려하고 감사하고 경청하면서 좋은 관계를 만들어가는 아이로 성장해 갑니다.

다양한 느낌을 표현하는 어휘를 익히세요

느낌을 표현할 때는 구체적인 단어로 말하는 것이 도움이 됩니다. 예를 들어 '그것을 좋게 느낀다'고 할 때 '좋다'는 '행복하다', '기쁘다', '다행이다' 등 여러 가지 다른 느낌을 뜻할 수 있습니다. '좋다', '나쁘다'와 같은 단순한 단어만으로는 실제로 느끼는 감정을 듣는 사람에게 정확하게 전달하기가 쉽지 않습니다.

다음 목록은 다양한 감정 상태를 정확하고 효과적인 표현하는 데 도움이 되는 단어들입니다. 부모와 교사가 먼저 다양한 감정 표현을 사용하면 자녀들도 자신의 감정을 다양한 언어로 표현하는 어휘력이 높아집니다.

〈욕구가 충족된 느낌을 표현하는 말〉

- 감격하다 / 만족스럽다 / 정신이 바짝 들다
- 감동하다 / 매우 기뻐하다 / 좋아하다

- 감사하다 / 멋지다 / 즐겁다
- 감탄하다 / 명랑하다 / 짜릿하다
- 고맙다 / 반갑다 / 차분하다
- 고무되다 / 사랑스럽다 / 찬란하다
- 관심을 가지다 / 상냥하다 / 충족되다
- 궁금하다 / 상쾌하다 / 친근하다
- 근심이 없다 / 생기가 나다 / 침착하다
- 기분이 들뜨다 / 숨 가쁘다 / 쾌활하다
- 기뻐 날뛰다 / 신뢰하다 / 편안하다
- 기뻐하다 / 안도하다 / 평온하다
- 기쁘다 / 안정되다 / 평화롭다
- 기쁨이 넘치다 / 열광적이다 / 행복하다
- 긴장을 풀다 / 열렬하다 / 호기심이 강해지다
- 깊은 애정을 느끼다 / 열정이 넘치다 / 환희하다
- 낙관하다 / 열정적이다 / 활기가 넘치다
- 놀라다 / 영감을 받다 / 활발하다
- 더없이 행복하다 / 영광스럽다 / 황홀하다
- 득의양양하다 / 용기를 얻다 / 훌륭하다
- 들뜨다 / 유쾌하다 / 흡족하다
- 따뜻하다 / 의기양양하다 / 흥미를 가지다
- 마음에 흡족하다 / 자신만만하다 / 흥분되다
- 마음이 놓이다 / 자신에 차다 / 희망에 차다

- 마음이 열리다 / 자유롭다 / 희열에 넘치다

〈욕구가 충족되지 않은 느낌을 표현하는 말〉

- 가책을 느끼다 / 냉담하다 / 불만족스럽다
- 갑갑하다 / 냉정하다 / 불안하다
- 걱정되다 / 노하다 / 불안정하다
- 겁나다 / 녹초가 되다 / 불편하다
- 겁에 질리다 / 놀라다 / 불행하다
- 격노하다 / 답답하다 / 비관적이다
- 격분하다 / 당황하다 / 비참하다
- 격앙되다 / 두렵다 / 상심하다
- 경계하다 / 뒤숭숭하다 / 섭섭하다
- 고독하다 / 마음에 내키지 않다 / 성가시다
- 고민스럽다 / 마음이 상하다 / 성나다
- 고통스럽다 / 마음에 상처를 입다 / 슬프다
- 곤란하다 / 마음이 놓이지 않다 / 시무룩하다
- 골치가 아프다 / 맥이 풀리다 / 시샘하다
- 관심이 없다 / 못마땅하다 / 시시하다
- 괴로워하다 / 무감각하다 / 신경이 쓰이다
- 기가 죽다 / 미지근하다 / 실망스럽다
- 기분이 언짢다 / 무관심하다 / 심란하다
- 기운이 없다 / 무기력하다 / 심술나다

- 기운을 잃다 / 무디다 / 안달하다
- 긴장하다 / 무서워하다 / 안절부절못하다
- 깜짝 놀라다 / 민감하다 / 애도하다
- 나태하다 / 민망하다 / 어쩔 줄 모르다
- 낙담하다 / 부끄러워하다 / 억울하다
- 낙심하다 / 분개하다 / 언짢다
- 열망하다 / 전전긍긍하다 / 초조하다
- 외롭다 / 절망하다 / 충격을 받다
- 용기를 잃다 / 정떨어지다 / 충격을 받다
- 우려하다 / 조바심 내다 / 탐내다
- 우울하다 / 좌절하다 / 풀이 죽다
- 울적하다 / 주저하다 / 피곤하다
- 원한을 품다 / 지겹다 / 혼란스럽다
- 음울하다 / 지루하다 / 화나다
- 의기소침하다 / 지치다 / 회의적이다
- 의심하다 / 질리다 / 흥분하다
- 적대감을 느끼다 / 짜증나다 / 힘겹다

느낌 뒤에 숨어 있는 욕구를 찾아보세요

우리의 느낌 뒤에는 반드시 욕구가 숨어 있다는 사실을 알고 계십니까? 욕구가 바로 느낌의 근원입니다. 다른 사람을 비판하고, 비난하고, 분석하고, 평가하는 것은 무엇인가가 필요한 나의 욕구의 다른 표현임을 알아야 합니다. 자녀가 "아빠는 나를 절대로 이해 못해요"라고 말했다면 이 말에는 이해받기를 바라는 자녀의 욕구가 담겨 있음을 알아야 합니다. "당신은 나보다 일을 더 사랑하는 것 같아요"라는 아내의 말은 남편과 더 친밀한 관계를 원하는 욕구가 있음을 뜻하는 것입니다.

이처럼 다른 사람에 대한 비판은 사실 충족되지 않은 욕구의 잘못된 표현입니다. 우리가 비판이나 비난 같은 잘못된 방법으로 욕구를 표현하면 상대는 이것을 자신을 향한 비난으로 듣고 자신을 방어하고 저항하거나 반격하게 됩니다.

반대로 우리의 느낌을 좀 더 솔직하고 분명하게 표현하면 상대방은 오히려 우리의 욕구에 더 긍정적으로 반응하기 쉽습니다. 따라서 우리는 욕구가 충족되지 않았을 때 다른 사람 탓으로 돌리지 않고 나의 욕구와 필요를 직접적으로 솔직하게 표현하는 법을 배워야 합니다.

학교에 갔다 와서 갈아입은 자녀들의 옷이 식탁 의자에 놓여 있을 때 "너는 왜 이렇게 게으르냐? 엄마가 옷을 벗으면 바로 옷장에 걸어두라고 말했지?"라고 말하지 않고 "엄마는 옷을 아무 데나 걸어두는 것이 싫구나. 네 옷장에 잘 걸어두면 좋겠다"라고 자신의 욕구를 비난 없이 잘 표현하는 법을 배우면 에너지를 엉뚱하게 사용하지 않을 수 있습니다.

또 반대로 자녀들이 느낌을 표현하면 아이들의 욕구와 필요를 알아보는 기회로 삼아야 합니다. 상대방을 탓하기보다 서로에게 무엇을 원하는지 분명하게 말하기 시작할 때 모두의 욕구를 충족할 수 있는 방법을 더 쉽게 찾을 수 있습니다. 그러기 위해서는 인간의 기본적인 욕구가 무엇인지 알아야 합니다.

인간의 기본적인 욕구

인간의 기본적 욕구는 다음과 같습니다.

첫째, 사람들은 자율성이나 자유를 원합니다. 자신의 꿈이나 목표, 가치관을 선택하고 그것을 이루는 방법을 선택할 자유를 원합니다. "더 이상 이래라 저래라 하지 않으면 좋겠어요. 인형 취급을 받으면 숨이 막힌다고요"라는 자녀의 말은 자신의 삶을 향한 꿈과 목표를 스스로 선택하고 싶다는 자율성에 대한 욕구 표현임을 부모가 빨리 알아채면 갈등을 쉽게 마무리할 수 있을 것입니다. "스스로 네 인생을 준비하고 싶은데 부모가 너무 간섭한다는 생각이 들어 답답한 모양이구나"라고 말하면서 말입니다.

둘째, 사람들은 축하하고 기념하는 의식을 하고 싶어 합니다. 생일이나 성공을 축하하는 파티, 결혼기념일, 추도식 등 살면서 맞이하는 의미 있는 날을 기념하고 싶은 욕구가 있습니다. 이것을 잘 아는 부모는 자기 생일이 다가오면 부쩍 예민해져 "아무도 나에게 관심이 없어요. 부모님은 매일 바쁘잖아요"라고 말하는 아들에게 "네 생일에 아무도 관심을 갖지 않을까봐 걱정이 되니? 1월 17일이 네 생일임을 안단다. 그날 어떻게 하면 멋진 파티를 할 수 있을까?"라고 말합니다.

셋째, 사람들인 상호의존에의 욕구를 가집니다. 공동체를 이루고 살며 그 속에서 소속감을 갖고 싶은 욕구, 서로에 대한 감사와 배려 등 공감을 나누고 싶은 욕구, 사랑하며 살고 싶은 욕구, 수용과 신뢰를 받고 싶은 욕구, 정서적인 안정과 존중, 친밀한 관계를 유지하고 싶은 욕구가 있습니다. 그러기에 서로의 존재를 향한 인정과 감사를 나누는 가족은 더욱 친밀한 관계를 누릴 수 있습니다. "네가 내 아들인 것만으로도 감사하단다.", "당신이 나의 배우자인 것이 얼마나 행복한지 아세요?"라는 표현을 매일 하면서 살 때 어려웠던 관계가 회복됩니다.

넷째, 사람에게는 자기 긍정의 욕구, 자신의 개별성과 고유함을 인정받고 싶은 욕구가 있습니다. 자녀들의 느낌 뒤에 있는 욕구를 긍정적으로 잘 풀어내는 능력을 가진 부모는 음식점에서 "엄마는 만날 형 것만 시켜주고. 나도 혼자 먹고 싶단 말이야"라고 말하는 아이에게 "아, 이제 너도 혼자 1인분을 선택해서 먹을 정도로 컸는데 형 것만 시켜서 무시당한 기분이 들었니? 엄마가 깜빡했구나. 네가 이렇게 멋지게 커줘서 엄마는 정말 기뻐. 네가 먹고 싶은 것을 선택해 보렴"하고 말할 수 있습니다.

다섯째, 사람들은 누구나 재미에 대한 욕구를 가집니다. 그렇다면 언제 재미를 느낄까요? 바로 놀거나 배울 때 재미있는 법입니다. 재미를 추구하는 일은 삶의 가장 큰 동기가 됩니다. 신나게 놀아본 경험이 있는 사람이 훌륭한 사람이 됩니다. 아이들이 재미있게 놀이에 집중할 때 방해하지 마세요. 특히 어린 시절 놀이에 집중하던 경험은 훗날 자신의 일에 집중할 수 있는 능력이 됩니다. 또 하나, 우리가 주목해야 할 점은 사람은 배우면서 재미를 느낀다는 것입니다. 그래서 어릴 때부터 즐겁게 배울 수 있는 기회를 제공하는 일이 중요합니다. 사람에게 재미에 대한 욕구가 있음을 아는 부모는 이렇게 말합니다.

"그 놀이가 무척 재미있는 모양이구나. 그럼 그 놀이가 끝날 때까지 기다려줄게. 그렇지만 한 번 끝나면 바로 일어나야 한다. 해야 할 일이 많거든."

반면 이렇게 말하면 괴로워집니다.

"너는 왜 쓸데없이 그런 걸 하면서 노니? 그만하고 방에 가서 공부나 하지 못하겠니?"

여섯째, 사람들은 신체적 욕구를 채우고 싶어 합니다. 사람의 몸은 깨끗한 공기, 물, 환경을 필요로 합니다. 좋은 음식, 운동, 휴식, 수면, 신체적 접촉, 안락한 주거환경 등은 사람의 생명을 영위하는 데 꼭 필요한 조건들입니다. 이러한 필요를 채우고 싶다는 욕구는 아주 기본적이면서도 중요합니다.

때로는 관계에서 일어나는 어려운 갈등도 이러한 기본적인 욕구를 먼저 섬세하게 채워주면 저절로 사라지기도 합니다. 이러한 욕구를 이해하는 부모는 이렇게 말합니다.

"심하게 짜증을 부리는 걸 보니 몸이 무척 피곤한 것 같구나. 우선 잠을 잔 후에 더 이야기하자."

일곱째, 사람들은 영적으로 만족하기를 원하는 욕구를 가집니다.

아름다운 것을 부면 경이로움을 느끼고 생명력 넘치는 자연 속에서 스트레스를 풉니다. 이는 아름다운 것을 보고 느끼고 소유하고 싶다는 영적인 욕구가 있기 때문입니다. 또 사람은 육체적인 만족을 넘어서로 영감을 주고받을 때 진정한 만족을 느낍니다. 모든 이에게 영적으로 채워지고 싶다는 욕구가 있기 때문입니다.

인간에게는 눈에 보이는 세계를 넘어 그보다 근원적인 존재를 추구하고자 하는 근본적인 욕구가 잠재해 있습니다. 그러므로 자녀에게 사랑과 질서와 안정감이 있는 조화로운 환경을 제공해 주어야 합니다. 자녀가 계속 아름다움을 추구할 수 있도록 보호해 주고 영적인 욕구를 채워줄 때 훨씬 더 만족스럽고 풍성한 관계가 지속됩니다. 영적으로 풍요로워지려는 욕구를 이해하는 부모는 이렇게 말합니다.

"북한의 아이들을 위해 기도하는 모습을 보니 네 마음이 더 성숙해진 것 같아서 아빠가 참 기쁘구나."

"예쁜 것을 좋아하는 네 모습을 보니 네 마음속에 아름다움을 추구하는 착한 마음이 많은 것 같아서 엄마는 정말 기뻐."

4) 요청하는 마음

성품대화는 요청함으로써 욕구를 표현합니다. 강요하거나 지시하지 않으면서도 원하는 바를 요청하는 성품대화는 서로의 관계를 풍성하게 해줍니다. 좋은 성품이란 '갈등과 위기 상황에서 더 좋은 생각, 더 좋은 감정, 더 좋은 행동으로 문제를 해결하는 능력'(이영숙, 2010)입니다. 즉 '다른 사람과 갈등을 겪는 위기 상황에서 긍정적으로 해결해 좋은 인간관계를 만들어내고 유지하는 능력'(이영숙, 2005)이 좋은 성품입니다. 다른 사람과 관계를 잘 맺는 방법을 안다는 것은 성공의 지름길을 아는 것입니다. 성공이란 결국 인간관계에서 오는 것이기 때문입니다.

저는 관계 맺는 방법을 다음과 같은 단계로 가르칩니다.

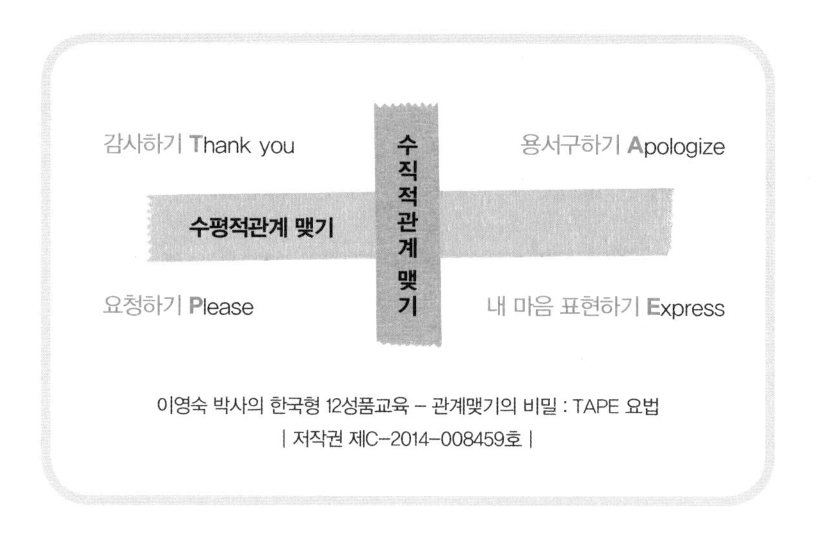

이렇게 서로 존중하며 인격적인 대화를 하면 막혔던 관계가 회복되고, 숨겨진 욕구를 표현함으로써 서로 만족스러운 관계를 가질 수 있으며, 서로의 마음을 표현함으로써 생각과 감정과 행동이 성장합니

다. 그러면 이번에는 구체적으로 요청하는 성품대화 방법을 알아보겠습니다.

요청하는 성품대화는 욕구가 충족되지 않았을 때 우리의 느낌과 숨겨진 욕구를 표현하고 그 욕구를 충족시킬 수 있는 구체적인 행동을 요청하는 것입니다. 원하는 바를 이루기 위해서는 어떤 태도로 요청해야 상대가 즐거운 마음으로 들어줄 수 있는지 살피고 효과적으로 요청해야 합니다.

효과적으로 요청하는 비결

첫째, 긍정적인 언어로 요청하세요.

원하지 않는 것(부정)보다는 원하는 것(긍정)을 요청해야 효과적입니다. 오래전 제가 진행하는 '자녀교육 세미나'에 참석한 부모들을 대상으로 설문조사를 한 결과 자녀들에게 가장 많이 사용하는 말 중 하나가 "하지 마!"였습니다. 그러나 자녀들은 "하지 마!"라는 말을 들으면 더 하고 싶은 느낌이 든다고 고백했습니다. "하지 마!"라고 말하면 무엇을 요청하는지 분명하지 않아 혼란을 야기할 수 있고 듣는 사람으로 하여금 반항심을 일으킬 수 있습니다.

"컴퓨터 하지 마라"보다는 "컴퓨터는 1주일에 한 번, 금요일만 하도록 하자. 모든 숙제를 마치고 저녁을 먹은 후에 1시간씩만 하도록 하자"라고 말하는 편이 더 좋습니다.

친구 집에 놀러 가겠다고 말하는 아이에게 무조건 "안 돼"라고 말하기보다 "숙제를 다 끝내고 오늘 할 일을 모두 마친 후에는 가도 된다"라고 가능한 환경을 제시해 주면 자녀와 더 친밀한 관계를 만들 수 있을 것입니다.

둘째, 구체적인 행동을 요청하세요.

막연한 말보다 서로 확인할 수 있는 구체적인 행동을 요청하는 편이 좋습니다. "네가 행동을 바르게 하는 사람이 되면 좋겠다"라는 말보다 "학교에 다녀온 후에 스스로 숙제하고 내일 배울 것을 예습하는 습관을 들이면 좋겠구나. 학생으로서 네가 할 일이 무엇인지 알고 스스로 완수해나가는 책임감 있는 사람이 되기를 바란다"라고 말할 수 있습니다.

모호하게 표현하면 내면에 혼란을 야기해 관계가 답답해집니다. 또 자신이 말하지 않은 내면의 욕구를 자녀나 상대방이 알아서 채워주기를 기대하면 실망하고 좌절합니다. 이는 요즘 시대의 만성병인 우울증의 원인이 되기도 합니다. 그렇게 되지 않기 위해 원하는 바를 구체적으로 요청하십시오.

느낌을 잘 표현하는 것이 요청이 아님을 알아야 합니다. 많은 경우 어떤 일에 느낌을 표현하면 그것이 욕구를 표현한 것이라 믿고 그 욕구대로 충족시켜주지 않는 상대방을 원망하고 좌절합니다. 예를 들어 "네가 이렇게 집 안을 어질러놓으면 화가 나고 짜증이 난다"라고 표현했다면 아직 요청한 것이 아닙니다. 대신 "네가 이렇게 집 안을 어질러 놓으면 화가 나고 짜증이 난단다. 나는 오늘 하루 종일 집 안을 정리했고, 이제 조금 후면 손님이 올 시간이기 때문이지. 네가 가지고 놀던 물건들을 모두 네 방으로 가져갈 수 있겠니?"라고 말해야 요청한 것입니다.

셋째, 요청한 것을 확인해 보세요.

오해가 생기는 것을 막기 위해 요청한 것이 제대로 전달되었는지 확인하는 절차가 필요합니다. 그럴 때는 요청한 것이 정확히 이해되었는지 다시 말해달라고 부탁하면 됩니다. 만약 제대로 이해되지 않았음을 확인하면 책망하지 말고 노력하는 모습을 보여준 데 감사를 표현하고 다시 정확하게 요청해야 합니다. 예를 들어 위의 상황에서 아이에게 요청했을 대 다시 한 번 질문하며 확인합니다.

"하종아, 엄마가 뭐라고 요청했는지 말해줄래?"

"엄마는 지금 손님이 오신다고 거실을 치우라고 하셨어요."

아이가 이렇게 대답하면 잘못 알아들었다고 비난하지 말아야 합니다. 자녀가 노력하는 모습을 보인다면 이에 대해 감사를 표현해야 합니다. "엄마가 한 말을 제대로 듣지 않았구나"라고 말하면 아이는 야단맞는다고 여겨 부정적인 성품을 가질 수 있습니다. 그럴 때는 이렇게 말해야 합니다.

"들은 대로 이야기해 줘서 고맙다. 그런데 엄마 뜻을 정확하게 말하지 못한 것 같구나. 그러니 다시 한 번 말해줄게."

넷째, 솔직한 반응을 알려달라고 요청하세요.

자신의 욕구를 솔직하게 표현하고 자녀가 확실히 이해했는지 확인했다면 그에 대해 자녀가 어떻게 느끼고 어떻게 행동할 계획인지 알고 싶어집니다. 이제 솔직한 마음을 알려달라고 요청하세요. 이때에는 "내가 방금 한 말에 대해 어떻게 느끼는지 알고 싶구나" 혹은 "내 말에 대해 어떻게 생각하는지 알려주겠니?"라고 표현합니다.

때로는 "엄마가 요청한 일에 대해 어떻게 행동으로 옮길 것인지 알려줄 수 있겠니?"라는 질문으로 구체적인 행동 계획까지 물어볼 수 있습니다.

대화하기 전에 이것만은 꼭!

이 장에서 살펴본 대로 성품대화란 서로의 존재를 존중하는 마음으로 시작해 결국에는 상대방의 생각과 느낌, 행동에까지 영향을 끼쳐 서로가 좋은 성품으로 성장할 수 있도록 시도하는 대화법입니다.

아직도 풀리지 않은, 날마다 이상하게 여기는 수수께끼 하나는 저를 포함한 부모들이 아무 영양가 없는 잔소리인 줄 알면서도 자녀에게 똑같은 말을 계속하고 있다는 사실입니다. 아무리 자녀를 따라다니면서 "너, 이렇게 해라"라고 말한다고 부모의 말대로 변하는 자녀는 없습니다. 자녀가 잔소리라고 생각하는 순간부터 그 말의 효력은 땅에 떨어집니다. 그런데도 우리는 땅에 떨어진 소리를 주워 자녀의 뒷머리를 따라다니면서 큰 소리로 외쳐댑니다.

하지만 이제 우리는 말하기 전에 멈추어서 생각해봐야 합니다.

'내가 하는 말이 아이의 생각을 열리게 해줄까?'

'내가 하는 말이 아이의 감정을 풍성하고 행복하게 해줄까?'

'내가 하는 말이 아이의 행동을 좀 더 좋게 변화시킬까?'

이러한 질문에 대한 답이 "아니요"라면 차라리 말하지 않는 편이 낫습니다. 그러는 편이 오히려 더 효과적이고 최소한 관계를 깨뜨리지 않습니다. 부모들은 자녀들의 사고가 확장되고 행동이 변화될 수 있는 대화를 해야 합니다. 그것이 바로 성품대화입니다.

성품대화의 기술

기적의 손 혹은 신의 손이라고 불리는 미국 존스홉킨스대학병원의 소아신경외과 벤 카슨 박사를 아십니까? 그는 어머니 소냐 카슨이 보여준 자녀를 향한 긍정적인 태도 덕분에 기적을 이룬 사람입니다. 1987년 머리와 몸이 붙은 채 태어난 샴쌍둥이 파트리크 빈더와 벤저민 빈더를 벤 카슨 박사가 세계 최초로 분리 수술을 시도해 성공했습니다. 그때부터 사람들은 그를 '신의 손'을 가진 의사로 존경하기 시작했습니다.

하지만 그런 벤 카슨의 어린 시절은 매우 불행했습니다. 벤 카슨은 디트로이트의 빈민가에서 태어나 여덟 살 때 부모가 이혼하자 편모슬하에서 자라면서 매우 가난하고 불우한 어린 시절을 보냈습니다. 그는 피부가 검다는 이유로 백인 친구들에게 따돌림을 당했고 초등학교 때는 항상 꼴찌를 도맡아 했습니다. 초등학교 5학년까지 구구단을 외우지 못하고 수학 시험을 한 문제도 맞추지 못해 친구들에게 놀림감이 되곤 했습니다.

그러던 벤 카슨이 어떻게 신의 손을 가진 외과 의사가 되는 기적을 이룰 수 있었을까요? 어느 날 한 기자가 그를 찾아가 "무엇이 오늘의 당신을 만들어 주었습니까?"라고 물었습니다. 그는 서슴지 않고 "나의 어머니 소냐 카슨입니다. 어머니는 내가 흑인이라고 따돌림을 당하고 꼴찌를 하는 지진아였음에도 늘 나에게 긍정적인 기대의 말을 해 주셨습니다. '벤, 너는 마음만 먹으면 무엇이든 할 수 있어. 다른 사람이 할 수 있으면 넌 더 잘할 수 있단다.'라고 격려하며 용기를 주셨습니다. 그 덕에 오늘날의 내가 있을 수 있었습니다"라고 대답했다고 합니다.

부모인 우리가 자녀를 향해 쏟아내는 말들은 생명의 씨가 되어 자녀 속에서 자랍니다. 오늘, 부모인 우리가 자녀에게 긍정적인 태도로 반응하고 성품을 칭찬해 주면 우리 자녀도 기적을 이룰 수 있을 것입니다. 이렇게 자녀의 성품을 변화시키는 성품대화법을 잘하기 위해서는 몇 가지 기술이 필요합니다.

1) 생각을 바꾸는 기술 – 질문법

"네가 무슨 일을 했지?", "네가 할 수 있는 가장 좋은 방법이었니?"

하고 질문하는 대화법은 "하지 마라", "해라"라고 말하는 것보다 효과적으로 생각을 바꿀 수 있는 대화의 기술입니다. 자녀의 생각을 열기 위해서는 질문법을 사용하는 것이 좋습니다. 토머스 리코나는 자녀의 성품을 키우는 방법으로 질문을 많이 하라고 권합니다. 그러면 구체적으로 어떻게 질문한다는 말일까요? 질문법이란 도대체 무엇일까요?

질문은 상대에게 자신의 문제를 스스로 생각하고 그 해결법을 찾게 한 후 문제를 해결하는 데 도움이 되도록 스스로 생각을 열게 하는 방법입니다. 예를 들어 일곱 살짜리 형이 두 살짜리 동생을 자꾸 때려 울게 합니다. 그 모습을 보던 부모가 참다못해 소리칩니다.

"왜 자꾸 동생을 때리니? 그만 멈추지 못해!"

"얘가 자꾸 까불잖아요. 치, 엄마는 잘 알지도 못하면서 항상 동생만 예뻐하고."

부모가 이렇게 명령하면 아이의 변명과 반발심만 자극해 결국 큰 아이와는 관계가 깨져버립니다. 그럴 때는 이런 질문법을 써보세요.

"무슨 일이니? 엄마에게 상황을 설명해 주겠니?"

"엄마, 제가 레고를 만들기만 하면 동생이 자꾸 부수잖아요. 그러지 말라고 계속 말했는데 말을 안 듣잖아요."

"그랬구나. 애써 만든 작품을 자꾸 망가뜨려서 속상했겠구나."

"네, 정말 그랬어요. 그래서 한 대 때렸어요."

"그래? 그런데 아직 말귀를 못 알아듣는 동생을 때리는 방법 밖에 없었니? 그 방법이 가장 좋았다고 생각하니?"

"아니에요. 제가 다른 데로 가서 했으면 좋았을 걸 그랬어요. 제가 잘못했어요. 동생아, 미안해. 이제 안 때릴게."

어떻습니까? 아주 간단하면서도 쉬운 질문만으로 어린 자녀의 생각을 열어 생각의 발전을 가져오지요? 자녀의 연령에 따라 대화의 내용은 달라지겠지만 부모는 질문법을 통해 자녀의 생각 주머니를 더 좋게 확장시킬 수 있습니다.

이 방법은 청소년기의 자녀에게 더 효과적입니다. 청소년기의 자녀에게 생각을 열게 하는 질문법을 사용하면 비난하거나 강요하지 않고 더 좋은 생각을 스스로 할 수 있게 만들 수 있습니다.

예를 들어 엄마가 말하는데 쳐다보지도 않고 TV만 보는 자녀와 성품 질문법으로 대화해 보세요.

"유종아, 넌 경청을 어떻게 해야 한다고 생각하니?"

"왜요? 갑자기 웬 경청이요?"

"엄마가 네게 말하는데 네가 쳐다보지도 않고 TV만 보니까 갑자기 경청이 생각나서."

"그냥, 잘 듣는 거 아니에요?"

"그래. 경청이란 '상대방의 말과 행동을 잘 집중하여 들어 상대방이 얼마나 소중한지 인정해 주는 것'(좋은나무성품학교 정의)이란다. 네가 엄마를 소중히 여기는지 어떻게 하면 엄마가 알 수 있을까?"

"엄마 말을 경청해 주는 거요?"

"그래, 엄마는 내 아들이 엄마를 소중하게 여겨주길 바란단다."

어떻습니까? 더 이상 싸우지 않고 질문법으로 좋은 대화를 할 수 있겠죠? 성품대화법을 쓰다 보면 자녀들의 성품은 저절로 자랍니다. 생각을 열게 하는 성품대화법인 질문법은 자녀에게 다음과 같은 유익을 줍니다. 첫째, 자녀의 자율적인 사고를 촉발합니다. 둘째, 새로운 사고를 발견해 사고의 지평을 넓혀줍니다. 셋째, 미래 지향적인 열린 질문을 통해 앞으로 더 좋은 행동을 기대할 수 있습니다.

좋은 성품을 키우는 다양한 질문법

성품대화법에는 다음과 같이 여러 가지 질문법이 있습니다.

첫째, '어떻게'라는 말로 시작하는 질문법입니다. 이 질문법은 상황을 긍정적으로 볼 수 있도록 도와주고 상대를 방어적으로 만들지 않습니다. 예를 들면 "어떻게 된 일이니?"와 같은 질문입니다.

둘째, 미래 지향적인 질문입니다. 미래형 단어가 포함된 질문으로, 미래의 행동과 가능성에 초점을 맞춥니다. 이는 희망을 가질 수 있도록 도와주는 질문입니다. 예를 들면 "어떻게 하면 일이 더 잘 진행될 수 있을까?", "다음에 잘하려면 어떻게 해야겠니?"와 같은 질문입니다.

반대로 과거 지향적인 질문은 "왜 일이 이렇게 진행되지 않지?", "지난번에도 그러지 않았니?"라는 말로 자녀의 행동에 대한 비난과 불평이 전달돼 방어와 반항을 일으킬 수 있습니다.

셋째, 열린 질문법입니다. 이 질문에는 깊이 생각해야만 답할 수 있습니다. 그리고 이러한 질문은 잠재되어 있는 능력을 일깨워주고 사고를 확장시킵니다. 예를 들면 "다른 의견 있니?", "이번 교육을 어떤 일에 적용할 수 있겠니?"와 같은 질문입니다. 이 질문에 대답하기 위해서는 생각을 열고 깊이 고민해야 합니다. 반대로 "지금 내 말에 반대하는 거니?", "이번 교육 좋았니?"처럼 단순히 "예", "아니요"로 답할 수 있는 질문은 생각을 닫히게 합니다.

넷째, 직접적인 질문입니다. 이 질문은 문제의 핵심에 직면할 수 있게 합니다. 그리고 행동을 변화시키고 핵심을 깨닫게 해줍니다. 예를 들면 "네가 동생하고 싸운다고 무엇이 이롭겠니?", "네가 화가 난다고 벽을 치면 무슨 도움이 되겠니?"와 같은 질문입니다.

2) 감정을 바꾸는 기술 – 경청법

경청을 잘하려면 상대방의 말로 표현하는 것 이상의 감정과 행동까지도 잘 관찰해 들어야 합니다. 이렇게 적극적으로 경청하면 상대방은 존중받는다는 느낌을 갖고 마음을 열게 마련입니다. 그래서 경청법은 자녀의 감정을 바꾸는 기술입니다.

경청은 관계를 발전시키는 기본적인 성품으로 좋은 관계를 맺고 그 관계를 발전시키기 위해 꼭 필요합니다. 그만큼 중요하기 때문에 좋은나무성품학교에서는 12가지 주제성품 가운데 경청을 가장 먼저 가르칩니다.

경청할 때는 자신이 경청하고 있음을 상대방이 느낄 수 있도록 하는 것이 중요합니다. 그렇게 하기 위한 방법으로 언어적 반응과 비언어적 반응이 있습니다.

언어적 반응

〈명료화하기〉

상대방의 말의 의미를 명확하게 확인합니다.

(예) *"그러니까 네 말은 이제부터 다이어트를 하겠다는 뜻이구나?"*

"그러니까 지금 그 일을 하고 싶지 않다는 거지?"

〈바꾸어 말하기〉

상대방이 한 말을 다르게 표현해 봅니다.

(예) (머리를 염색하겠다고 말하는 자녀에게) *"그러니까 머리 스타일을 조금 다르게 하고 싶다는 말이구나?"*

〈반영하기〉

상대방의 말에서 감정과 관련된 부분을 바꾸어 말합니다.

(예) *"저런, 네 짝꿍이 말을 시켜서 말한 것뿐인데 담임선생님이 너만 야단쳐서 많이 억울했겠구나."*

〈요약하기〉

상대방의 말을 압축해 핵심만 두세 문장으로 말합니다.

(예) *"자, 그러니까 지금까지 한 말을 요약해 보면 네가 더 이상 그 과외선생님과 공부하고 싶지 않다는 말이구나. 그렇지?"*

비언어적 반응

- 개방적이고 열린 마음을 보여줄 수 있는 자세를 취합니다.
- 상대에게 집중하는 자세를 보입니다.
- 적절하게 고개를 끄덕여 경청하고 있음을 표현합니다.
- 눈을 맞춰 말하는 사람에게 집중하고 있음을 알려줍니다.
- 미소를 띠며 쳐다보아 경청하고 있음을 알려줍니다.

3) 행동을 바꾸는 기술 – 긍정적인 피드백, 성품칭찬, 성품훈계

① **행동을 바꾸는 기술** – 긍정적인 피드백

사람의 행동은 꾸중할 때보다 칭찬하고 격려할 때 더 잘 변화합니다. 상대방의 행동에 대해 긍정적이고 미래 지향적인 피드백을 전달함으로써 구체적인 동기를 부여해 상대방의 '행동을 변화시키는 기술'입니다.

긍정적인 피드백을 전달하는 요령

상대방의 행동에서 장점을 찾아 칭찬하고 격려하는 방법이 긍정적인 피드백입니다. 긍정적인 피드백을 전달하기 위해 자녀가 달성할 수 있는 구체적인 목표를 스스로 제시하게 합니다. 이때 자녀가 직접 본인의 목표를 설정하게 하면서 앞으로 해야 할 일을 구체적으로 계획하도록 해야 합니다. 또한 계획한 것을 완수할 수 있도록 지속적으로 동기를 부여해 주어야 합니다.

긍정적인 피드백을 하는 기술의 요점은 다음과 같습니다.

행동 : 사람 자체가 아닌 구체적인 행동을 지적합니다.
〈부정적인 피드백〉 "도대체 넌 뭐 하는 애니? 엄마가 그렇게 말했는데 아직 숙제도 안 하고 있다니. 빨리 가서 숙제 못 해!"
〈긍정적인 피드백〉 "잠잘 시간이 다 됐는데 아직 숙제를 못 했구나."

영향 : 그 행동이 미치는 영향을 이야기합니다.
〈부정적인 피드백〉 "학생으로서 이렇게 기본적인 것도 못하면 도대체 어떻게 하려고 그러니, 응?"
〈긍정적인 피드백〉 "학교 갔다 오면 바로 숙제부터 하라고 엄마가 부탁했는데 낮에 놀다가 잘 시간이 돼서야 숙제하겠다고 말하니 엄마 말을 무시하는 것 같아서 섭섭하구나. 또 숙제하다가 너무 늦게 자면 내일 아침 늦게 일어나 학교에 지각하게 될까 걱정되고."

바람직한 결과 : 바라는 행동에 대해 구체적으로 말합니다.
〈부정적인 피드백〉 "그러니까 앞으로 말 좀 들어라. 알겠어?"
〈긍정적인 피드백〉 "앞으로는 바로 숙제부터 하고 놀기 바란다."

② 행동을 바꾸는 기술 – 성품칭찬

자녀의 행동을 변화시키기 위한 강력한 수단은 칭찬입니다. 모든 사람은 칭찬받기를 원합니다. 칭찬은 화분에 물을 주는 것처럼 생생

한 생명력을 사람들에게 나눠주는 가장 강력한 기술입니다. 그러므로 우리는 바르게 칭찬하는 법을 배워야 합니다. 잘못된 칭찬은 오히려 치명적인 걸림돌이 되기 때문입니다. 사람의 행동은 꾸중하는 대로 변하지 않고 칭찬하는 대로 변합니다. 자녀들의 행동을 좋은 방향으로 변화시키려면 변화시키고 싶은 성품을 칭찬하세요.

바람직한 성품칭찬 10계명

첫째, 성취한 성과뿐 아니라 성품을 칭찬하세요.

성과 위주의 칭찬은 지나친 우월감이나 열등감을 갖게 하는 원인입니다. 평가받는 기분이 드는 칭찬은 오히려 좋은 성품을 개발하는 데 방해가 됩니다. "백 점을 받다니 잘했구나"라는 말보다 "선생님 말씀을 경청하고 인내하며 공부한 결과 백 점을 받았구나"라는 말이 성품을 칭찬하고 격려하는 좋은 예입니다.

둘째, 다른 사람의 행동과 태도를 주의해서 잘 관찰하세요.

알맞은 때 적절하게 칭찬해 주면 좋은 성품이 더욱 개발됩니다.

셋째, 자녀에게 부족한 성품을 칭찬으로 격려해 주세요.

자녀에게 어떤 성품이 부족해 개발되기를 원한다면 그 성품을 중심으로 칭찬해 주세요. 신기하게도 아이들은 야단치는 대로 변하지 않고 칭찬하는 대로 변합니다.

넷째, 시간을 정해놓고 칭찬해 주세요.

특별히 칭찬하기로 마음먹고 칭찬하세요. 가정마다 정기적인 칭찬의 날을 만드세요. 생일이나 어느 특정한 날을 '칭찬하는 날'로 정하세요. 그리고 그 날은 온 식구들이 모여 칭찬의 선물을 주고받는 아름다운 추억의 시간을 만들기 바랍니다. 가정은 추억의 박물관이 돼야 합니다. 훗날 자녀들은 온 식구들이 모여 칭찬하던 추억으로 인해 항상 마음이 따뜻하고 어떤 시련이 와도 넉넉히 이겨낼 수 있는 사람이 될 것입니다.

다섯째, 결과보다 과정을 칭찬하고 동기를 살펴서 칭찬하세요.

많은 사람들이 일의 결과만 놓고 사람을 평가합니다. 그러나 결과를 평가하기 전에 숨겨진 태도와 노력을 칭찬하세요. 그리고 선한 마음으로 시작한 동기를 살펴 칭찬해 주면 아이들은 영원히 당신의 지지자가 될 것입니다.

여섯째, 교정하기 전에는 칭찬하지 마세요.

교정하기 위해 서두로 칭찬을 꺼내면 칭찬의 효력이 상실됩니다. 교정과 칭찬은 엄연히 구분해야 합니다. 교정하기 전에 의미 없는 칭찬을 하면 아무 소용이 없음을 기억하세요.

일곱째, 성품의 특성과 정의를 이야기하면서 칭찬하세요.

예를 들어 "감사란 '다른 사람이 나에게 어떤 도움이 되었는지 인정하고 말과 행동으로 고마움을 표현하는 것'(좋은나무성품학교 정의)인데, 네가 이렇게 정성껏 감사 카드를 만들어 내게 고마움을 표현해 주니까 네 감사하는 성품이 하늘만큼 자란 것 같아 무척 기쁘구나"처럼 말입니다.

여덟째, 칭찬 받는 기쁨을 '감사'로 표현하게 해 주세요.

어떤 사람이 당신의 자녀를 칭찬할 때 겸허한 마음으로 감사를 돌리는 방법을 알려주세요. "뭘요. 저는 선생님이 가르쳐준 대로 한 것뿐인데요." 이렇게 말하는 아이를 모든 사람들이 사랑할 것이고, 그 칭찬은 다른 사람에게까지 전달돼 더 큰 기쁨을 맛보게 됩니다.

아홉째, 단지 아첨으로 칭찬하지 마세요.

아첨은 숨겨진 동기를 가지고 과장해서 칭찬하는 것을 말합니다. 아첨으로는 사람을 바르게 격려하지 못하고 좋은 관계를 지속할 수도 없습니다.

열째, 다양한 방법으로 칭찬하세요.

창조적으로 칭찬하는 방법을 찾아보세요. 감사편지, 혹은 감사장이나 감사패라는 당신만의 방법으로 칭찬해 보세요. 광고로 읽는 특별한 칭찬 또한 당사자에게는 더없이 귀중한 격려가 될 것입니다. 공개적인 칭찬으로 상대방을 격려하면 큰 동기유발이 됩니다.

성품을 칭찬하는 3단계

성품을 칭찬하는 3단계를 소개합니다.

성품칭찬법 3단계

〈1단계〉 칭찬할 성품의 정의를 말해줍니다.
〈2단계〉 칭찬하고 싶은 행동을 구체적으로 설명해 줍니다.
〈3단계〉 그 성품으로 인해 어떤 유익이 있었는지를 설명해 줍니다.

예를 들면 이렇습니다.

"배려란 '나와 다른 사람 그리고 환경에 대하여 사랑과 관심을 갖고 잘 관찰하여 보살펴 주는 것'(좋은나무성품학교 정의)인데 네가 환경을 배려하는 마음으로 쓰레기를 분리해 버렸구나. 너의 그 배려하는 마음 덕에 내 마음까지 깨끗해진 것 같아. 참 고맙구나."

③ 행동을 바꾸는 기술 – 성품훈계

성품의 원리로 훈계하면 효과적이고 바람직한 해결책을 제시할 수 있습니다. 훈계의 방법은 다음과 같습니다.

첫째, 훈계는 문제가 생긴 즉시 해야 합니다. 아이가 잘못된 성품을 보이면 그 즉시 시정하게 해 주세요. 다음으로 밀어두거나 차차 나아지리라는 막연한 기대를 걸지 마세요. "어른에게 그렇게 말하는 것은 나쁜 태도란다. 겸손한 모습이 아니구나." 이렇게 잘못된 태도를 바로 대화로 지적해 주는 것이 좋습니다. 지난 일을 꺼내서 이야기하면 아이는 이미 잊어버려 바른 훈계를 할 수 없습니다. 시간이 지나면 아무리 잘못된 일도 최소화하려는 경향이 있기 때문입니다.

둘째, 화를 내거나 때리면서 말하지 마세요. 훈계하는 사람이 화를 내며 말하면 아이는 본능적으로 자기를 방어하게 됩니다. 그래서 더 화를 내거나 변명을 하려들면서 잘못을 인정하지 않으려 합니다. 차분한 어조와 이성적인 태도로 일관성 있게 지도하세요. 부모나 교사가 예민할 때는 아이의 문제를 해결하려 하지 말아야 합니다. 훈계는 언제나 이성적이고 평온한 상태에서 진행해야 합니다. "엄마가 지금은 너무 화가 나서 말할 수가 없구나. 잠시 후에 이야기하자구나"라고 말하면서 깊은 숨을 쉰 다음 차분하게 설명하세요.

다음은 좋은나무성품학교에서 절제를 가르치는 '1-3-10 절제 공식'입니다. 마음을 진정시킨 뒤 차분하게 자녀와 대화하세요.

〈좋은나무성품학교 1-3-10 절제 공식〉

1 : 속으로 크게 '절제'하고 외치세요.

3 : 복식호흡으로 숨을 3번 깊이 쉬세요.

10 : 1부터 10까지 천천히 세어보세요.

셋째, 공개적으로 훈계하지 마세요. 공개적으로 꾸중하면 아이는 모욕감을 느껴 더 큰 반항심을 갖게 됩니다. 개인적으로 은밀하게 아이의 인격을 존중하면서 훈계하세요. 밤에 자다가 오줌을 싸서 당황해하는 아이에게 "자, 이 일은 엄마하고 너만 아는 일로 하자구나. 그런데 오늘 밤부터는 자기 전에 꼭 화장실에 가서 쉬하고 자야 한다. 알았지?"라고 말하면 자녀는 엄마에게 친밀감을 느끼고 속마음을 모두 털어놓습니다.

넷째, 책임감을 느낄 수 있는 말을 사용하세요. "너 왜 그랬니?"라고 물으면 변명하고 싶은 마음이 듭니다. "네가 무슨 일을 했지?"라고 물으면 자신이 한 일에 대해 반성하고 책임감을 느낍니다.

다섯째, 무엇이 문제인지 정확한 원인을 살펴보세요. 아이가 무엇이 잘못되었는지 알 수 있도록 정확한 지침을 주었는지 살펴봅니다. 지금 꾸중 듣는 이유를 분명히 인식하고 있는지 확인합니다. "네가 무엇을 잘못했는지 알고 있니?"라고 아이에게 물어보세요. 지금의 가르침이 아이가 이해할 수 있는 수준인지 확인해 보세요.

아이를 꾸중하기 전에 아이가 실수했는지, 고의로 그랬는지, 우발적인 행동인지, 아니면 고집으로 일관된 반항인지 살펴야 합니다. 실수일 때는 너그럽게 받아주면서 옳은 행동을 가르치고 용서해 주어야 합니다. 그러나 고의로 그랬다면 엄격하게 다루어야 합니다.

여섯째, 양심에 호소하는 대화를 사용하세요. 많은 부모들이 훈계할 때 자녀들의 육체나 의지, 감정에 호소하는 경향이 있습니다. 그러나 양심을 자극할 때 가장 효과적으로 훈계할 수 있습니다.

〈의지에 호소하는 예〉

"너는 더 잘할 수 있잖아?"

"다음엔 어떻게 할래? 더 잘할 거야, 아니면 그냥 그렇게 살래?"

〈감정에 호소하는 예〉

"네가 그러면 다른 사람에게 상처 주는 일이라는 거 몰랐니?"

"그 사람이 얼마나 슬플지 생각해 봤니?"

〈육체적인 것에 호소하는 예〉

"네가 맡은 일을 완수할 때까지 어디에도 갈 수 없어."

"한 주 동안 너를 정학시키겠다."

"너 10대 맞아야겠구나."

〈양심에 호소하는 예〉

"네가 정말 그렇게 했니? 진심이었어?"

"정말로 절제력을 발휘했니?"

"네 책임을 다한 일이라는 생각이 드니?"

일곱째, 아이의 외적 행동은 내적 성품의 결과임을 인지하고 대화로 가르치세요. 자녀가 숙제를 습관적으로 제출하지 않는다면 책임감의 성품이 부족해서입니다. 책임감을 알게 하는 대화로 성품을 가르치세요.

"유종아, 네가 숙제를 제출하지 않아 선생님께 지적받은 것을 보니 네게 책임감의 성품이 부족한 것 같아 엄마는 걱정이 되는구나. 책임감이란 '내가 해야 할 일들이 무엇인지 알고 끝까지 맡아서 잘 수행하는 태도'(좋은나무성품학교 정의)란다. 엄마는 네가 학생으로서 해야 할 숙제를 미루지 않고 끝까지 잘해 주기를 바라."

자녀가 수업 시간에 산만한 행동으로 지적을 받는다면 경청의 성품이 부족해서입니다. 자녀가 어른의 지시를 따르지 않는 행동을 습관적으로 보인다면 순종의 성품 문제로 보고 가르쳐야 합니다. 또 자기만 아는 이기적인 행동을 한다면 배려의 성품을 가르쳐야 합니다. 자녀에게 좋은 행동을 기대한다면 좋은 성품을 가르쳐야 합니다. 가르치지 않으면 자녀가 알 수 없다는 사실을 기억하세요. 자녀의 표면적인 행동만 보고 꾸중하지 말고 내면에 성품의 싹을 키워주어야 합니다.

여덟째, 용서하는 말로 관계를 회복하세요. 모든 훈계 뒤에는 반드시 아이가 직접 용서를 구하고 용서해 주는 회복의 관계가 있어야 합니다. 마음속으로 잘못을 느낀다고 훈계가 성공한 것은 아닙니다. 잘못을 시인하고 용서를 주고받을 때 마음속의 깊은 상처들이 치유됩니다.

"엄마, 거짓말해서 죄송해요. 용서해 주세요"라고 말할 수 있도록 가르쳐 주세요. 자녀가 용서를 구하면 부모도 분명한 대화로 용서한다는 것을 알려주어야 합니다. "그래, 네가 잘못한 것을 알았다니 고맙다. 용서할게. 이제 다시는 거짓말하지 않기를 바란다"라고 말해 주세요. 서로 용서를 주고받을 때 마음속 깊이 있던 감정의 찌꺼기가 걷히고 관계를 회복할 수 있습니다.

아홉째, 결과에 스스로 책임지게 합니다. 행동에는 언제나 결과가 따른다는 것을 알게 하는 과정입니다. 잘못된 일에 대해 훈계했다면 이제 자신이 한 일에 책임을 지게 가르쳐야 합니다. 거짓말을 했다면 상대방을 찾아가 진실을 말하게 하고, 남의 물건을 훔쳤다면 용서를 구하고 돌려주는 행위가 따라야 합니다. 유리창을 깼다면 용서를 구하고 값을 지불하게 하십시오. 아이는 그런 과정을 통해 진정한 회복의 기쁨과 책임감의 성품을 배우게 됩니다.

"자, 이제 어떻게 하면 좋겠니?", "네가 어떻게 하면 잘못에 책임지는 것인지 말해줄래?"라고 부모가 질문함으로써 자녀 스스로 자신이 저지른 행동의 결과를 책임질 수 있도록 가르칩니다.

이렇게 여러 가지 성품대화의 기술을 이용해 자녀와 대화하면 아이들이 자신의 일을 자율적으로 감당하면서 자신의 인생을 책임지는 사람으로 자랍니다. 부모들은 자녀의 마음에 공감하고 아이들이 멋지게 해낼 수 있음을 기대하고 신뢰하는 태도를 가져야 합니다. 그럴 때 자녀도 기적을 만들어낼 수 있습니다.

대화에도 단계가 있다

관계가 잘 되지 않는 원인은 대화를 유지하고자 하는 마음이 부족하거나 대화를 잘할 수 있는 방법을 모르기 때문입니다.

사람들은 대화를 통해서 관계를 맺고 살아갑니다. 누구나 친밀한 관계를 맺고 풍성한 관계를 경험하면서 살고 싶지만 마음처럼 쉽지는 않습니다. 그런데 관계가 잘 되지 않는 원인이 있습니다. 그것은 대화를 유지하고자 하는 마음이 부족하거나 대화를 잘할 수 있는 기술이 부족하기 때문입니다.

존 포웰(John Powel)은 대화를 5가지 등급으로 나누어 설명했습니다. 그가 말하는 대화의 5가지 등급을 살펴보면서 어떻게 하면 좋은 대화를 나누고 행복한 관계를 맺고 살 수 있는지를 살펴보도록 하겠습니다.

대화의 5가지 등급

〈5등급 대화〉 상투적이고 기초적인 단계

5등급 대화는 가장 기초적인 대화 단계로 친밀감과는 먼 거리의 관계를 말합니다. 일상적이고 의례적인 대화로 "안녕하세요? 오늘 날씨가 참 좋지요?"와 같은 감정이 전혀 실려 있지 않은 대화입니다. 이 단계에서의 효과는 관계의 앞날을 위한 기초역할을 하기도 합니다. 상투적인 표현은 분주한 문화에 반드시 필요한 부분이기도 하지만 이면으로 들어가 사람들의 진짜 생각과 감정을 아는 것이 두렵기 때문에 사람들을 상투적으로 대하기도 합니다. 악수나 의례적 인사도 5등급 대화에 속합니다.

〈4등급 대화〉 사실과 보고의 단계

4등급 대화는 역시 일상적이고 의례적인 대화를 나누면서 정보를 주고받는 단계를 말합니다. 그러나 이 단계는 단순히 정보만 주고받을 뿐 생각이나 느낌은 전혀 주고받지 못하는 등급의 대화입니다. 예를 들어

"오늘 날씨 좋습니다."

"네, 오늘 25도라고 합니다. 야외에 나가면 딱 좋을 날씨입니다."

이 대화에서는 대화의 양은 많지만 모두가 두 당사자의 삶과는 상관없는 일들에 대한 정보 교환을 바탕으로 하여 개인적인 반응이나 개입은 배제됩니다. 이 단계의 대화는 거의 사실을 바탕으로 하고 있

지만 자신에 대한 이야기나 내면에 대한 이야기가 없는 단계의 대화입니다. 물론 4등급 대화도 친밀한 관계가 없는 대화입니다.

〈3등급 대화〉 의견과 판단의 단계

3등급 대화는 정보 교환으로 그치지 않고 자기 생각이나 자기 판단이 들어간 대화입니다. 예를 들어

"오늘 날씨 참 좋죠?"

"그러네요. 벌써 봄이 온 것 같아요."

이 대화에서는 자기 생각이 들어간 대화를 하는 단계입니다. 그러나 이때 상대방이 동의를 하면 의사소통이 되어 그 다음 단계로 넘어가지만 "내 생각에는 아직 봄이라고 보기에는 너무 이릅니다"라고 하면 대화가 끊어지는 단계입니다.

이 단계에서 대화하는 사람들은 내면의 자아에 관련된 내용을 서로 나누게 되는데 다른 단계들에 비해 깊이를 더하기도 합니다. 자신의 의견을 얘기하는 경우에는 내면의 생각과 자신의 마음이 함께 실립니다. 그리고 상황과 처지에 대한 자신의 결론과 반응을 내보인다는 것은 그만큼 비판을 감수한다는 의미이며, 그로 인해 대화 속에는 모험의 요소가 끼어들기 시작합니다.

'내 생각에는', '내가 보기에는' 등으로 시작하는 3단계의 말에는 우리의 취약점을 이용하려는 사람들에게서 상처와 창피와 반박을 당할 가능성이 뒤따르기도 합니다.

〈2등급 대화〉 감정과 직관의 단계

정보교환이나 자기 판단과 생각을 넘어서 자신의 느낌이나 감정까지 나누는 단계의 대화입니다. 이 단계에서 비로소 좋은 관계를 맺어 나갈 수 있도록 마음을 나누게 되는 대화를 할 수 있어 서로에게 친밀감을 나눌 수 있는 관계가 형성됩니다. 예를 들어

"오늘 날씨 참 좋지? 화창한 봄 날 같구나."

"네, 그런데 전 다음 주가 시험이라서 날씨가 너무 좋으니까 마음이 뒤숭숭한 것이 영 공부가 머리에 들어오지 않아요."

이처럼 정보를 교환하는 수준을 넘어서 자신의 판단이나 생각을 나누고 자신의 느낌과 감정까지 나누게 되는 관계입니다.

건전한 방식으로 자신의 감정을 표현할 때 우리 삶의 가장 깊은 부분의 문이 열리기 시작합니다. 좋은 대화란 반드시 논리와 이성의 권위를 갖추어서 말해야 하는 것이 아닙니다. 이것은 말을 초월하는 내면적인 삶의 영역에서 나오는 것입니다. 자신의 감정과 마음이 여러 다양한 상황에 어떻게 반응하는지를 서로 말함으로 자신의 정서를 교환하며 함께 교제하며 사는 것입니다.

우리의 감정은 긍정적 표현으로 나타날 수도 있고 때로는 부정적 표현으로 나타날 수도 있습니다. 그 사람이 그 상황에서 갖게 되는 감정과 직관은 사실상 선과 악으로 구분할 수 있는 것이 아닙니다. 그냥 존재할 뿐입니다. 비판 없이 그 사람의 감정과 직관을 수용할 수 있을 때 친밀감은 형성됩니다. 그런데 이 단계에서 대화를 시도하다가 상대방으로부터 깊은 상처를 받거나 모욕을 당하고 나면 그 뒤에는 감

정을 억압하게 되고 감정이란 혼자만 간직하는 것이 가장 안전하다는 결론을 짓고 마음의 문을 닫고 살기도 합니다. 그래서 이 단계에서는 두 사람이 깊은 차원의 대화에 신호를 보내고 받을 수 있는 방법을 발견하는 것이 중요합니다.

두 사람의 관계에서 자신의 내면의 느낌을 표현하기도 하고 다른 사람의 말을 경청할 수 있어야 합니다. 이때 비로소 친밀감이 자라나기 시작하는 관계가 형성됩니다. 이 단계에서 중요한 것은 대답하는 것보다 비판 없이 경청해 주는 성품이 필요합니다.

〈1등급 대화〉 최고로 친밀한 단계

상대방의 감정을 읽어 주고 감정을 받아 주고 지지해줄 뿐만 아니라 자신의 감정도 표현하고 나누는 대화의 단계를 말합니다. 서로의 감정, 느낌, 생각을 막힘없이 나눌 수 있는 깊은 신뢰가 형성된 관계일 때 가능한 대화의 단계입니다. 나의 느낌과 생각을 말했을 때 그대로 상대방이 수용해 주고 이해되고 받아들여 줄 때 비로소 사랑하고 있다는 강한 확신을 가질 수 있습니다. 예를 들어

"엄마, 내일 날씨가 어때요?"

"응, 일기예보에 의하면 '아주 맑음'이라고 하는구나. 내일 소풍이 기다려지니?"

"아니에요. 전 내일 날씨가 흐려서 비나 주룩 주룩 왔으면 좋겠어요."

"그래? 네가 내일 소풍 가는 것이 싫은 모양이로구나."

"네, 안 갔으면 좋겠어요. 요즘은 나랑 같이 놀던 애들이 놀지 않

으려고 해요."

"저런, 단짝처럼 날마다 놀던 애들이 요즘 달라지는 것 같아서 네가 무척 신경이 쓰이는 구나."

"네, 아마 나랑은 밥도 같이 안 먹으려 할 걸요. 혼자서 외톨이처럼 먹어야 할 거예요."

"그렇구나. 네가 그래서 비나 많이 와서 차라리 내일 소풍을 가지 않았으면 좋겠다고 생각을 할 만큼 외톨이가 되는 것이 걱정이 되는구나."

"네, 그래도 괜찮아요. 찾아보면 혼자서 먹는 애들도 있을 거예요. 그 애들이랑 먹지요. 뭐"

"아이쿠, 우리 아들. 정말 멋지게 컸구나. 난 네가 다른 사람들에게 좌우되지 않고 네 멋진 모습을 간직하고 있는 네가 정말 자랑스러워. 엄마는 네 모습이 정말 믿음직스럽단다. 사랑한다, 내 아들."

정말 멋진 대화입니다. 1등급의 대화를 나누는 가정이라면 최상급의 멋진 성품 리더들이 모여 사는 곳이 됩니다. 가정에서 나누는 대화를 통해서 자녀들의 성품들이 자라나기 때문입니다. 이런 1등급 대화를 나누고 사는 부모와 자녀들은 밖에서 어떤 폭풍우가 몰아쳐 온다 해도 가족의 사랑으로 인해 당당하게 부딪치며 승리하며 살 것입니다.

친절한 대화

상냥하게 다른 사람을 대하는 친절

요즘 왕따를 당하는 것을 비관해 스스로 목숨을 버리는 청소년들이 늘어 큰 사회문제로 부각되고 있습니다. 몇 해 전 경기도에 사는 초등학생이 친구들에게 왕따를 당하는 것에 대한 비관을 유서로 남기고 머플러로 목을 매 숨져 있는 것을 가족들이 발견해 경악을 금치 못하고, 또 다른 초등학생은 친구들의 괴롭힘을 견디지 못해 아버지의 넥타이로 스스로 목숨을 끊어 보는 이들의 마음을 안타깝게 했습니다. 유서에는 "죽어 귀신이 되어서라도 나를 괴롭힌 것들에게 복수하겠다"라고 적혀 있었습니다. 왕따를 당하거나 시키는 것이 마치 이 시대의 문화로 자리 잡은 것 같은 불안함이 느껴지는 실정입니다. 세상이 왜 이렇게 돌아갈까요?

행복한 이상을 꿈꾸며 마음껏 뛰놀아야 할 이 세상의 어린이들이 마음 놓고 살지 못하게 만드는 이런 풍습은 도대체 어디에서부터 그 원인을 찾아 해결할 수 있을까요?

이런 것들은 성적순으로 사람의 가치를 평가하도록 만들어간 어른들이 보여준 태도와 말 때문입니다. 다시 말해 성적, 외모와 능력, 경제적인 가치 등 눈에 보이는 가치로만 사람을 평가하여 서로 간에 경쟁하고 평가하게 만든 사회구조에서 비롯된 것입니다.

하지만 이제는 성품의 중요성을 가장 소중하게 가르쳐야 할 때입니다. 타인에게 친절한 것이 귀중한 가치라고 말해 주어야 다른 사람에게 함부로 하지 않는 무례함을 소멸시켜 나갈 수 있을 것입니다.

친절(Kindness)이란 '다른 사람의 행복과 기분에 관심을 갖고 사랑을 표현해 주는 능력'(좋은나무성품학교 정의)입니다. 다른 사람에 대한 동정심과 친절함은 일찍부터 가르쳐야 합니다. 점점 아이들이 자라면서 잔인해지고, 다른 사람을 비열하게 괴롭히면서도 아무렇지도 않게 생각하는 집단 따돌림, 이른바 왕따 현상은 불친절이 시대의 위기로 대두된 것을 실감하게 하는 일련의 사회 모습이기도 합니다. 이러한 현상은 친절함을 가르치는 역할 모델의 부족, 친절함이 옳은 일이라는 것을 가르치는 행동들의 부족, 불친절함을 느낀 경험들 속에서 친절함에 대한 무감각성 증가, TV와 인터넷, 영화, 음악, 비디오 게임에서 접하는 잔인한 영상의 무분별한 노출이 큰 영향을 주고 있다고 봅니다.

자녀들이 친절함을 갖추기 위해서는 부모와 교사가 어떤 모습을 보이느냐가 아주 중요합니다. 미식축구 슈퍼볼에서 영예의 MVP를 차지한 하인즈 워드는 가난한 혼혈아로서 많은 친구들에게 놀림을 받고 왕따를 당하기도 하면서 불우한 어린 시절을 보낸 사람입니다. 그러나 그는 항상 자신을 위해 뼈를 깎는 아픔을 감수하면서도 늘 긍정적인 태도로 자신을 바라보는 어머니의 가르침이 있어 성공할 수 있었다고 합니다.

늘 놀림을 당하고 돌아오는 자신의 아들이 학교에 가기 위해 집을 나설 때마다 "네 친절함을 많은 사람들에게 보이고 오너라"라고 이야기했다고 합니다.

자신의 아들이 친구들에게 왕따를 당하는 상황에서 친절의 가치를 가르친 어머니의 자녀답게 하인즈 워드는 어려움이 있을 때마다 좌절하지 않고 활짝 웃으면서 어려움과 맞서 싸워 결국 이 시대의 위대한 영웅이 될 수 있었습니다. 그는 이렇게 말했습니다.

"세상에 나가서 네가 하고 싶은 것을 마음껏 해라. 하나님은 모든 것을 사랑하시고 사랑은 색깔이 없다."

그는 "혼혈이 부끄러운 것이 아니라 혼혈을 놀리는 것이 부끄러운 것이다"라고 당당하게 말하며 자신에게 무례한 이들에게도 '친절'이란 높은 가치로 자신을 명예롭게 만들어나간 것입니다.

1) 친절을 키우는 성품 연습

① 다른 사람을 기쁘게 하는 행동을 합니다.

② 슬퍼하는 사람에게 관심을 보입니다.

③ 어려움에 처한 사람을 도와줍니다.

④ 다른 사람을 비웃지 않습니다.

⑤ 다른 사람이 관심을 갖고 있는 것에 주의를 기울입니다.

⑥ 고통을 당하는 사람과 함께 있어줍니다.

⑦ 불친절한 대우를 받는 사람에게 관심을 보입니다.

2) 친절을 발달시키는 자녀교육법

다른 사람을 친절한 태도로 대하게 하려면 그 친절을 가르치고 길러주어야만 합니다. 친절의 중요성은 이를 강조하는 어른들을 통해 교육할 수 있습니다. 그러면 어떻게 친절을 가르쳐야 할까요?

첫째, 친절이 무엇인지 정확한 정의와 의미를 가르쳐주세요.

부모들이 보여주는 친절한 모습에서 자녀들은 더 잘 배울 수 있습니다. 친절한 생활 속에서 분명하게 보이는 것으로 친절의 정의를 알게 되면 자녀들은 더 잘 이해합니다.

"친절이란 '다른 사람의 행복과 기분에 대해 관심을 갖고 사랑을 표현해 주는 능력'(좋은나무성품학교 정의)이란다"라고 말하면서, 다른 사람에 대한 동정심과 친절함은 아주 중요한 가치가 있다는 것을 가르쳐주세요.

둘째, 자녀에게 "친절을 기대한다"고 말씀하세요.

자녀들이 어릴 때는 부모들의 요구대로 반응하려는 욕구가 있습니다. 그러니 다른 사람을 친절하게 대해야 한다는 분명한 기대를 말씀해 주세요. 그런 모습은 자녀에게 기대하는 행동에 대한 기준을 확립시키고, 부모가 무엇을 중요하게 생각하고 있는지를 분명히 말해 주는 기회가 됩니다. "사람에게 불친절한 것은 나쁘고 해로운 것이란다. 나는 네게 친절을 기대한단다"라고 반복해서 말해 주는 부모가 되세요.

셋째, '친절한 행동 찾기 운동'을 펼치세요.

어떤 것이 친절하고 다른 사람을 돕는 행동인지 자녀와 함께 사람들이 많은 곳에 가서 관찰하여 찾기 게임을 해봅니다. 많이 찾은 사람에게 상도 주고요. 이런 '친절 관찰'은 친절한 사람의 말과 행동을 직접 볼 수 있고 친절함이 다른 사람에게 어떤 영향을 끼치는지 경험해 볼 수 있는 좋은 기회를 제공합니다. 그리고 가족에게 친절한 행동을 가장 많이 한 사람을 찾아 '오늘의 친절왕'으로 뽑아서 친절함에 대한 많은 격려를 해 보기도 합니다.

넷째, 친절한 말을 가르칩니다.

말을 잘한다는 것은 참으로 어려운 일입니다. 저절로 되는 것이 아니라 배우고 연습해야 되는 것이죠. 자녀에게 어려서부터 친절하게 말하는 법을 가르친다는 것은 어른이 되어 주변 사람들과 행복하게 살 수 있는 도구를 만들어 주는 것과 같습니다. 말 때문에 상처를 주고받고 관계가 깨어지기도 하고 맺어지기도 하기 때문이죠. "뭐 도와줄 것 없니?", "도와줘서 고마워", "내가 해줄 것 없니?", "내가 도와줄게", "내가 너와 있어 줄게", "네가 보고 싶을 거야", "괜찮아?", "미안해", "넌 잘할 거야", "네가 좋아했으면 좋겠어", "다 잘 될 거야", "같이 앉아도 되니?", "잘 됐으면 좋겠다" 등 친절을 전파하는 강력한 말들을 가르치세요.

다섯째, 친절한 행동이 어떤 결과를 가져오는지 알게 합니다.

어린아이들은 자신의 행동이 다른 사람들에게 영향을 끼친다는 것을 알게 되면 더 좋은 행동을 하려고 노력합니다. 친절한 행동을 많이 하면 할수록 스스로를 더 좋은 사람이라고 생각하는데 이는 강력한 자부심을 경험하는 것입니다. 남에게 친절을 베푸는 것이 얼마나 기분 좋은 일인지 해 보지 않은 사람은 결코 알 수 없는 비밀입니다. 작은 친절이 세상을 변하게 하고 사람들을 얼마나 행복하게 해 주는지에 대한 긍정적인 경험을 체험하게 해주세요.

우선 친절한 사람들의 행동을 관찰하게 합니다. 친절한 사람은 다른 사람을 비웃지 않고, 괴롭힘을 당하는 사람 옆에 있어주며, 다른 무리들이 한 사람을 놀리자고 해도 동조하지 않고 "안 된다"라고 말합니다. 또 어려움에 처한 사람들을 도와준다고 일러줍니다.

그리고 다른 사람이 필요로 하는 것에 대해 생각해 봅니다. 불친절한 대우를 받는 사람에게 관심을 보여주고, 친구의 외모를 보고 놀리거나 별명을 지어 부르지 않는다고 가르쳐 줍니다.

여섯째, 불친절함을 보일 때마다 그 자리에서 지적해 경고합니다.

자녀가 불친절한 말로 친구들을 괴롭히는 모습을 발견하면 그 자리에서 단호하게 경고하세요. "희종아, 지금 네가 친구에게 쓰는 말은 불친절한 말이란다. 다른 사람의 마음을 아프게 하면 안 돼. 엄마는 네가 다른 사람에게 친절한 말을 사용하길 바란다"라고 정확하게 전달하세요. 어린아이들은 자신이 사용하는 말이 불친절한 것인지 친절한 것인지 잘 모르고 그냥 다른 사람들이 하는 대로 따라 하기 십상입니다. 그러므로 불친절함이 무엇인지에 대한 부모의 정확한 가르침이 필요합니다.

불친절한 아이가 되는 이유

불친절한 아이가 되는 이유는 무엇일까요?

❶ 공감인지능력의 부족 때문입니다. 다른 사람이 겪을 감정적 충격이나 아픔을 전혀 느끼지 못하거나 이해하지 못합니다.

❷ 자부심이 부족하기 때문입니다. 자신을 귀하게 여기지 못하는 사람은 다른 사람도 귀중하게 여기지 않습니다.

❸ 보복 심리 때문입니다. 괴롭힘을 당해왔기 때문에 되돌려주고 싶은 보복 심리로 인해 그런 행동을 반복합니다.

❹ 소속의 욕구를 표현한 것입니다. 어떤 집단에 들어가기 위해서 그 집단에서 하는 대로 따라합니다.

❺ 사회성이 부족하기 때문입니다. 관계 속에서의 갈등과 위기를 어떻게 해결해야 할지 모르기 때문에 문제 해결방법으로 모욕을 주거나 폭력을 사용합니다.

❻ 질투의 표현입니다. 자기보다 잘난 사람을 괴롭힘으로써 시기심에서 오는 질투심을 표현하는 것입니다.

❼ 다른 사람 위에 군림하고자 하는 욕망의 표현입니다. 남을 괴롭힘으로써 우월감을 느끼는 잘못된 심리입니다.

❽ 친절에 대한 이해가 부족하기 때문입니다. 아무도 그 사람에게 친절의 가치를 말해 주지 않거나 불친절해서는 안 된다고 가르쳐 주지 않았기 때문입니다.

3 장

균형 잡힌 성품을 위해 갖춰야 할 덕목들

성품리더로 키우기 위한 2가지 기본 덕목

'배려하는 성품으로 자녀 키우기'라는 주제로 성품세미나를 마친 후였습니다. 많은 부모들이 저를 찾아와 걱정스러운 표정으로 물어보았습니다. 아이를 배려하는 성품으로 키우고 싶지만 그러다가 다른 사람의 감정에만 너무 민감하게 반응하는 성품이 되면 어떻게 하느냐는 것이었습니다. 다른 사람의 입장에서 생각해 보는 공감인지능력을 가지는 것까지는 좋은데 다른 사람 입장만 생각해 주다가 자신이 해야 할 일은 못하고 마는 성품이 되면 어떻게 하느냐는 우려가 섞인 질문이었습니다.

아리스토텔레스는 사람이 행복하기 위해서는 좋은 행동을 해야 한다고 말했습니다. 행복은 인간 활동이 탁월하게 이루어지는 것으로 그것이 바로 덕이고, 인간의 성품을 통해 드러난다고 설명했습니다.

덕이란 중용, 즉 과도와 부족의 중간이며 최선이라고 말했습니다. 마땅한 때, 마땅한 일에 대해, 마땅한 사람에 대해, 마땅한 동기로, 마땅한 태도로 느끼고 행동하는 것입니다. 이것이 바로 좋은 성품이고 최선이며 인간에게 궁극적인 행복을 주는 비결이라고 했습니다.

그래서 성품에는 균형 잡힌 덕이 있어야 합니다. 어려서부터 균형 있는 좋은 성품으로 자랄 수 있도록 기본적인 덕을 쌓아야 합니다. 부모는 매일의 일상이 성품의 근본인 덕을 배우는 기회가 될 수 있도록 대화로 가르쳐야 합니다.

2가지 기본 덕목은 제가 태아부터 노인까지 평생교육과정으로 고안한 '한국형 12성품교육'의 교육 목표인 12가지 좋은 성품(경청, 긍정적인 태도, 기쁨, 배려, 감사, 순종, 인내, 책임감, 절제, 창의성, 정직, 지혜)을 구성하는 근본적인 덕목입니다. 즉, 다른 사람의 감정을 공감할 수 있는 공감인지능력, 무엇이 선하고 악한지 스스로 분별할 수 있는 분별력을 말합니다. 이 2가지 기본 덕목을 골고루 갖출 때 균형 잡힌 좋은 성품을 가질 수 있습니다.

1) 공감인지능력(Empathy)

공감인지능력(Empathy)이란 '다른 사람의 기본적인 정서, 즉 고통과 기쁨, 아픔과 슬픔에 공감하는 능력으로 동정이 아닌 타인에 대한 이해를 바탕으로 하여 정서적 충격을 감소시켜주는 능력'(이영숙, 2005)입니다. 특히 아이들에게 다른 사람의 감정을 이해하고 배려하는 능력을 갖게 하는 덕목입니다. 다른 사람의 기분을 생각하는 구체적인 방법을 가르쳐줌으로써 다른 사람과 정서적으로 서로 교감하는 능력을 갖게 해 정서적 충격을 피하고 무례하게 행동하지 않도록 가르칩니다.

2) 분별력(Conscience)

분별력(Conscience)이란 '인간의 기본적인 양심을 기초로 하여 선악을 구별하는 능력으로, 올바른 생활과 건강한 시민정신, 도덕적인 행동을 위한 토대가 되는 덕목'(이영숙, 2005)입니다. 선과 악을 분별하는 능력을 길러줌으로써 옳고 그름을 알고 올바른 길로 가도록 인도해 주는 덕목입니다.

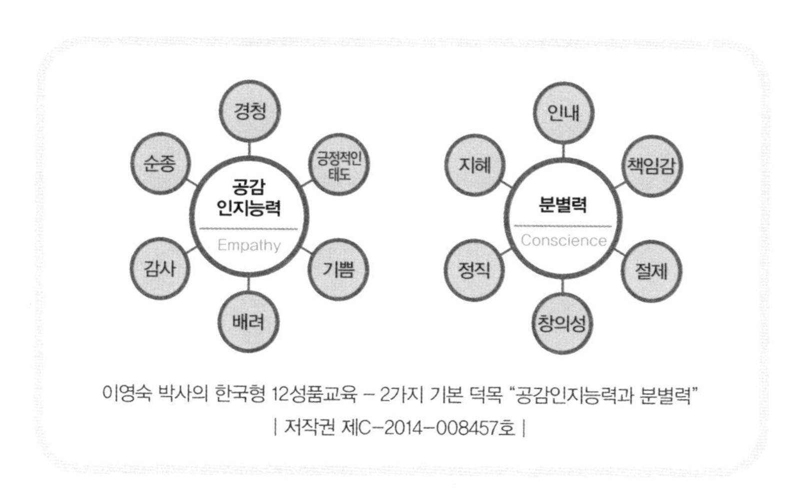

이영숙 박사의 한국형 12성품교육 – 2가지 기본 덕목 "공감인지능력과 분별력"
| 저작권 제C-2014-008457호 |

다른 사람의 감정을 이해하는 공감인지능력

공감인지능력(Empathy)이란 '다른 사람의 기본적인 정서, 즉 고통과 기쁨, 아픔과 슬픔에 공감하는 능력으로 동정이 아닌 타인에 대한 이해를 바탕으로 하여 정서적 충격을 감소시켜주는 능력'(이영숙, 2005)입니다. 공감인지능력은 자녀에게 다른 사람의 기분을 생각하는 방법을 알려주어 다른 사람의 감정을 이해하고 공감하는 능력을 갖도록 도와주는 덕목입니다. 이것은 감정 지수라고도 하는데, 현대에는 감성 지수가 중시되며 성공하기 위해서는 반드시 갖추어야 합니다. 그러면 어떻게 해야 이렇게 중요한 공감인지능력을 기를 수 있을까요?

1) 공감인지능력을 키우는 성품 연습

첫째, 상대방의 입장에서 생각해 보는 훈련을 시키세요. 많은 아이들에게 공감하는 능력이 부족한 이유는 감정을 확인하고 표현하는 능력이 없기 때문입니다. 다른 사람의 고통과 기쁨, 불안, 걱정, 자부심, 행복, 분노를 인식하지 못하면 남을 동정하기를 상당히 어려워합니다. 이때는 상대방의 입장에서 생각해 보는 훈련을 시키고 감정 어휘를 개발해 많이 표현하게 해야 효과적입니다.

둘째, 효과적인 경청법을 사용하세요. 아이의 감정을 잘 경청해 주면 아이들의 공감인지능력을 기를 수 있습니다. 말과 몸짓으로 "정말?", "아, 그래?", "오, 저런"이라고 표현하면서 아이의 감정을 지지해 주십시오. 또 아이의 기분을 알아맞히고 기분의 원인을 파악해 말로 표현해 주는 일에 익숙해 지세요. 아이들은 부모가 자신의 기분을 이해해 준다는 것만 알아도 문제해결능력이 향상됩니다. 그리고 "기분이 나빠보이는구나", "짜증났니?", "실망했니?" 등 기분을 말로 표현해줄 때 감정 어휘를 더 많이 획득합니다.

또 아이 스스로 문제의 해결책을 찾도록 자극해 보세요. "그런데 넌 그 문제를 어떻게 해결하고 싶니?", "더 좋은 생각이 없을까?" 등 자녀의 사고를 확장시킬 수 있는 질문을 하세요.

셋째, 공감인지능력을 발달시키기 위해 다음과 같은 방법으로 어휘를 개발하세요.

① 감정 상태를 묻는 질문을 많이 합니다.

아이의 감정 어휘력을 강화하기 위해서는 남의 생각을 알도록 도와주는 단어와 질문을 활용하면 효과적입니다. "뭔가 걱정되나 보구나. 무슨 일 있니?" 또는 "네 친구가 걱정돼 보이는구나. 그 아이의 고민이 뭐라고 생각하니?" 라는 질문을 하고, 아이가 감정 어휘를 많이 알게 되면 자주 "기분이 어때?" 또는 "그 아이 기분은 어떨까?"라고 물어봅니다.

② 온 가족이 모여 그 날의 감정에 대해 이야기하는 시간을 갖습니다.

이 활동은 가족구성원들이 서로의 대화에 귀를 기울이고 동시에 자신의 감정을 표현하는 방법을 배우도록 도와줍니다. 각 구성원이 하루 동안 겪었던 감정들에 대해 이야기함으로써 감정을 이해하는 시간을 갖고 공감해 보는 경험을 갖게 됩니다.

③ 감정카드를 만들어 봅니다.

수첩 크기의 색인카드를 만들고, 각 카드 위에 가장 많이 쓰는 감정 표현을 씁니다. 처음에는 몇 가지 안 되는 것 가지만 점점 다양한 어휘를 쓰게 될 것입니다. 어린아이의 경우 다섯 가지 기본 감정(행복, 슬픔, 놀람, 무서움, 미움)만 이용합니다. 그 후에 잡지나 컴퓨터에서 각 감정을 나타내는 그림이나 사진을 찾아 다양한 감정어휘카드를 만듭니다.

완성 후에는 플래시카드처럼 활용하면 효과적입니다.

④ 상대방의 감정에 반응하는 감수성을 강화시킵니다.

어떤 아이들은 다른 아이들보다 조금 더 민감한데, 그런 아이들은 사람들의 정서적 단서, 즉 말투나 행동, 얼굴 표정을 정확하게 판단할 수 있습니다. 그런 능력이 없는 아이는 다른 사람의 욕구에 제대로 반응하기 어려워하며 어떻게 행동해야 할지 몰라 불안해합니다. 그러므로 일찍부터 다른 사람의 감정에 반응하는 감수성을 강화시키면 자신감 있게 다른 사람을 배려하는 아이로 성장합니다.

⑤ 아이들의 감수성을 길러주는 방법을 사용하세요.

아이가 섬세하고 친절한 행동을 하면 칭찬합니다. 모든 행동을 강화하기 위한 가장 간단하고 효과적인 방법은 그 행동을 하자마자 칭찬해 주는 것입니다. 따라서 아이가 자상하고 사려 깊게 행동할 때마다 그런 행동이 상대방을 얼마나 기쁘게 하는지 아이에게 알려줍니다.

그리고 감수성의 결과를 보여줍니다. 아무리 사소한 일이라도 자상하고 친절한 행동은 아주 중요합니다. 그러므로 아이가 자신의 행동이 만든 결과를 볼 수 있도록 해줍니다. 예를 들어 "유종아, 네가 할아버지께 선물 주셔서 감사하다고 말하니 할아버지께서 아주 기뻐하시더구나"라고 말하면 됩니다.

또 "그 사람은 기분이 어떨까?"라고 자주 물어봅니다. 아이의 감수성을 기르는 가장 쉬운 방법은 다른 사람의 기분이 어떤지 생각해 보게 하는 것입니다. 실제 생활뿐 아니라 책, TV, 영화에 나오는 상황을 이용해 자주 그런 질문을 합니다. 그때마다 아이는 잠깐 동작을 멈추고 다른 사람의 고민에 대해 생각해 볼 수 있고 그런 식으로 사람들의 욕구에 대한 감수성이 길러집니다.

감정과 그 뒤에 숨겨진 욕구를 추측해 보는 것도 좋습니다. 아이들에게 다른 사람의 욕구와 감정을 찾아내는 데 도움을 주는 질문을 하는 것도 감수성을 증진시키는 효과적인 방법입니다. 이 방법을 사용하려면 사람들의 감정에 관심을 가질 만한 기회를 찾아야 합니다. 그런 후 감정을 치료하기 위해 그 사람에게 무엇이 필요할지 아이에게 추측해 보게 합니다.

부모 : 이 사진에서 울고 있는 아이의 기분이 어떤 것 같니?(감정)

자녀 : 슬픈 것 같아요.

부모 : 어떻게 해야 이 아이가 행복하게 될 것 같니?(욕구)

자녀 : 먹을 것을 주어야 할 것 같아요. 많이 배고파 보여요.

감정을 말할 때는 왜 그런 감정을 느끼는지 이유를 이야기합니다. 어떤 상황에서의 느낌을 표현할 때 "아, 오늘은 정말 행복해. 아빠가 용돈을 주셨거든", "오늘은 너무 피곤해. 너무 많이 걸었거든"과 같이 그 상황을 활용해 그것을 어떻게 생각하는지, 그 이유가 무엇인지 설명해 줍니다.

⑥ 입장을 바꾸어 생각해 보는 연습을 하세요.

다른 사람의 생각과 느낌을 상상해 자신이 모르는 것을 짐작할 수 있게 도와줍니다.

〈역할 바꾸기〉

갈등이 생기면 모두 행동을 잠시 멈추고 서로 상대방 기분이 어떨지 생각해 보자고 요청합니다. 이 방법은 곤란한 상황에서 각자가 상대방의 생각을 알 수 있도록 도와줍니다. 이처럼 상대방의 입장이 되어 생각하면 아이의 공감인지능력을 강화하는 데 도움이 됩니다.

〈입장 바꿔 생각하기〉

서로 다른 입장에서 생각해 보면 진정으로 상대방의 감정을 이해할 수 있습니다. 예를 들어 짐을 많이 들고 가는 엄마를 보면서 "내가 짐을 하나 들면 엄마 기분이 좋아지겠지?"라고 생각할 수 있게 도와줍니다.

〈상대방의 기분을 상상하기〉

어떤 특별한 상황에서 상대방의 기분이 어떨지 아이에게 상상해 보도록 하는 방법입니다. 예를 들어 친구에게 생일 선물을 받고 감사카드를 보낸 아이에게 "네가 친구라면 어떤 기분이 들까?"라고 물어봅니다.

2) 공감인지능력을 발달시키는 자녀교육법

첫째, 무례한 행동을 하면 즉시 지적합니다.

아이의 무례한 행동을 보는 즉시 그 행동을 지적해 그런 행동이 확대되어 습관이 되는 것을 방지합니다. 부모가 이런 태도를 가지면 아이 스스로 행동을 변화시키는 데 성공할 가능성이 많아집니다. 아이에게 "어떻게 생각하니?" 하고 자주 질문합니다. 부모의 질문은 자녀가 생각을 정리하는 데 매우 큰 도움을 줍니다. 지시하거나 강요하지 말고 다른 사람의 행동을 보고 자녀가 느끼는 점을 스스로 찾아 이야기하도록 질문합니다. 예를 들어 어떤 사람이 별명을 부르며 놀리는 광경을 보았다면 이렇게 질문해 봅니다. "유종아, 만약 하종이가 너한테 '돼지'라고 부르면 넌 어떤 기분이 들겠니?"

둘째, 자신이 한 행동의 결과를 알게 합니다.

아이가 다른 누군가의 입장이 되어 무례한 대접을 받으면 어떤 기분이 들지 생각하도록 도와줍니다. 다른 사람의 입장을 생각하는 일은 아이들에게 어렵지만 통찰력 있는 질문은 아이들이 상대방의 감정을 고려하도록 친절하게 안내해줄 수 있습니다.

셋째, 무례한 행동을 용납할 수 없다며 그 이유를 설명합니다.

아이의 행동이 왜 용납될 수 없는 무례한 행동인지 이유를 설명해줍니다. 그런 행동의 어떤 점이 걱정스러운지 그리고 그런 무례한 행동을 어떻게 생각하는지 쉬운 말로 이야기합니다. 아이가 자신에게만 집중된 관심을 다른 곳으로 돌리고 자신의 행동이 남에게 어떤 영향을 줄지 생각하도록 도와줍니다. 예를 들어 "그런 말은 친절한 말이 아니란다. 다른 사람들이 그렇게 말하는 네 모습을 보면 네가 아주 무례한 아이라고 생각할 거야"라고 말합니다.

넷째, 공감인지능력을 갖지 못하는 원인을 찾아보세요.

아이들이 왜 공감인지능력을 갖지 못할까요? 지금 시대는 너무 바쁘고 분주해 부모들이 자녀들과 정서적으로 교감을 나누지 못하는 것이 가장 큰 원인입니다. 부모는 자녀와 적극적인 관계를 맺고 친밀한 감정으로 서로 교감할 수 있어야 합니다. 또한 아버지는 자녀가 남을 잘 배려할 줄 아는 아이로 자라는 데 많은 공헌을 할 수 있습니다.

1950년부터 시작돼 오랫동안 지속된 한 연구 내용을 살펴보면, 다섯 살 때부터 자녀 양육에 적극적으로 관여한 아버지를 둔 아이들은 30년 후 아버지가 부재했던 아이들에 비해 남을 더 잘 이해하는 어른으로 성장했습니다. 아버지가 어린 자녀의 감정을 수용하고 다루어주면 자녀들은 더 많은 정서적 안정감을 얻고 다른 사람의 감정에 훨씬 잘 공감합니다. 자녀들은 자상한 아빠에게서 분노의 감정을 해소하는 법과 다른 사람을 동정하는 마음, 옳고 그름을 배울 수 있습니다.

다른 원인으로 잔인하고 폭력적인 각종 영상매체가 아이들에게 미치는 영향을 들 수 있습니다. 일반적으로 아이들은 눈으로 본 경험들을 모방함으로써 행동을 터득합니다. 지속적으로 잔인한 영상에 노출되다 보면 아이들은 잔인한 행동을 배우고 공감인지능력이 억압받게 됩니다.

또 일반적으로 여자아이보다 남자아이의 공감인지능력이 떨어지는 것은 "남자는 그러면 못써", "남자가 왜 울어" 등 감정을 억압하는 어른들의 편견 때문입니다. 이러한 말은 남자아이들이 자라면서 공감인지능력을 개발하는 데 큰 장애 요인이 됩니다. 남자들도 여자들과 마찬가지로 공감인지능력을 갖고 태어나지만 자라면서 점점 남의 아픔과 고통에 공감하는 정도가 줄어들고 자신의 기분과 고민을 말로 표현하는 능력이 줄기 시작합니다. 자녀들에게 공감인지능력을 가르치려면 부모들이 직접 공감하는 모습을 보여줘야 합니다. 일상생활에서 부모가 공감하는 모습을 보여주는 것이 자녀들에게 공감인지능력을 가르치는 가장 좋은 방법입니다.

옳고 그름을 판단하는 분별력

분별력(Conscience)이란 '인간의 기본적인 양심을 기초로 하여 선악을 구별하는 능력으로, 올바른 생활과 건강한 시민정신, 도덕적인 행동을 위한 토대가 되는 덕목'(이영숙, 2005)입니다. 부모는 자녀들이 어려서부터 옳고 그름을 배울 수 있도록 돕고, 선에 반하는 힘에 대항할 수 있는 확고한 분별력을 세워주며, 유혹을 받는 환경에서도 올바르게 행동할 수 있도록 아이의 내면에 깃들어 있는 양심의 기능을 강화해 주어야 합니다. 성품은 학습하는 것이기 때문에 자녀에게 올바른 분별력을 심어주기 위해서는 일상적인 실례와 말을 통해 지속적으로 훈련해야 합니다.

1) 분별력을 키우는 성품 연습

① 약속은 반드시 지킨다.

② 잘못하면 변명하지 않고 자신의 잘못을 시인한다.

③ 규칙을 지킬 때는 스스로 그 행동이 옳다고 생각한다.

④ 부모가 보지 않을 때도 부모의 말을 따른다.

⑤ 도둑질, 거짓말, 속임수는 나쁜 행동이므로 하지 않는다.

⑥ 다른 사람 때문에 좌지우지되지 않고 일관성 있게 행동한다.

⑦ 자기가 해야 할 일을 분명하게 알고 끝까지 완수한다.

2) 분별력을 발달시키는 자녀교육법

첫째, 좋은 모범을 보여주는 부모가 되세요.

하버드대학의 로버트 콜스 교수는 "어린 자녀는 매일매일 일상에서 보는 짧은 단서들을 인지한다"라고 말했습니다. 아이들에게 매일 옳고 그름을 가르칠 수 있는 사람은 부모입니다. 아이들은 항상 부모의 행동과 주변에서 일어나는 일들을 유심히 보면서 옳고 그름을 배웁니다.

둘째, 친밀한 관계를 유지하세요.

많은 연구 결과 아이들은 애착을 느끼고 존경하는 사람에게서 가장 강력한 영향을 받는다고 밝혀졌습니다. 아이들은 자신이 좋아하는 사람이 살아가는 자세와 패션, 취미, 도덕적 신념까지 모방합니다. 그러므로 부모가 가장 친밀한 대상이 되면 아이에게 가장 영향력 있는 성품을 가르칠 수 있습니다.

셋째, 부모의 가치관을 자주 이야기해 주세요.

아이에게 부모의 가치와 신념을 자주 말해 주는 것 자체가 직접적인 성품교육이 됩니다. TV나 뉴스, 학교나 집에서 일어나는 사건에서 적합한 자료를 구해 자주 대화하며 그 문제에 대해 어떻게 생각하는지 말하고 아이의 의견을 듣는 것이 좋습니다.

넷째, 좋은 행동을 기대하고 요구하세요.

자녀들은 부모가 요구하는 대로 행동할 가능성이 높습니다. 많은 연구 결과가 도덕적으로 행동하는 부모의 자녀 또한 도덕적인 아이가 된다고 말합니다. 마빈 버코위츠 박사는 "도덕적 기대치가 높은 부모 밑에서 자라는 아이가 모든 도덕적 가치를 따르지는 못하더라도 핵심적인 뜻은 아이에게 전달된다"라고 말했습니다.

다섯째, 질문을 사용하세요.

아이들이 분별력을 강화하는 데 질문이 아주 중요합니다. 올바른 질문은 아이들이 다른 사람의 생각을 받아들이는 데 도움을 주기 때문입니다. "이렇게 행동하면 어떤 일이 일어날까?", "혹시 네가 생각하는 더 좋은 행동이 있을까?", "네가 약속을 지키지 않으면 상대방은 어떤 기분일까?", "다른 사람이 네게 그렇게 대하면 너는 무슨 생각을 하게 될까?" 등의 질문을 하면 자신의 행동을 논리적으로 생각해 보고 결과를 추론하는 능력을 키울 수 있습니다.

여섯째, 가정의 규칙과 방침을 설명해 주세요.

부모가 가정의 규칙에 대해 구체적인 이유를 들어 설명해 주면 자녀는 부모의 생각을 이해하고 그 기준을 좀 더 쉽게 따릅니다. 아이들에게 올바르게 행동하길 원하는 이유까지 분명하게 알려주면 아이들의 분별력이 더 커지고 강화됩니다. 부모는 자녀에게 가장 영향력 있는 도덕 선생님입니다.

자녀들은 부모의 모습을 보고 옳고 그름의 기준을 갖게 된다는 사실을 꼭 기억해야 합니다. 성품교육의 출발점은 가정입니다. 아이들이 어떻게 말하고 행동해야 하는지 부모가 분명하게 말해 주어야 합니다. 그리고 어떤 상황에서는 절대 허용할 수 없다는 것을 확고하게 말해야 합니다. 그래야 자녀들은 분별력을 기르고 모든 선택에는 책임이 따른다는 것을 배웁니다.

관용의 대화

모든 이를 똑같이 존중하는 관용

독일의 안톤 슈미라 상사는 2차 세계대전 중 1941년 리투이디아 지방에서 유대인을 학살하는 부대의 상사로 근무하고 있었습니다. 그는 자신의 부하들이 아무런 거리낌 없이 유대인 어린이들을 학살하는 모습을 보고 큰 충격을 받았습니다. 그래서 그는 250명이 넘는 유대인들을 안전한 장소에 숨겨 도망치게 해 주었고, 상부의 유대인 학살 명령에 불복종했다는 이유로 군사재판에 회부되었습니다. 그리고 1942년 4월 13일 독일 시민들 앞에서 공개 처형되었습니다.

그러나 2000년 5월 8일 독일군 사령부는 렌즈버그에 있는 한 기지 이름을 '안톤 슈미라'로 바꾸고 그를 기념하여 세계를 놀라게 했습니다. 단지 유대인이라는 편견 때문에 죄 없는 사람을 처형하고 괴롭히는데 혈안이 된 군중들 속에서도 자신의 목숨을 걸고 깊은 내면에 있는 양심의 소리에 따라 행동하다 산화한 그가 독일군의 영웅으로 남은 것입니다. 이것이 바로 관용의 정신입니다.

21세기 리더의 자질, 관용

관용(Tolerance)이란 '모든 사람이 똑같은 존엄성과 권리가 있다는 것을 알고 존중해 주는 태도'(좋은나무성품학교 정의)입니다. 인종, 민족, 나이, 능력, 신념, 성별, 외모 등 어떤 것에도 상관하지 않고 편견 없이 개인을 공평하게 존중해 주는 태도를 뜻하지요. 이런 관용은 다른 사람들의 신념이나 가치가 다르더라도 그 차이를 인정해 주는 것에서부터 시작됩니다. 나와 다른 것이 틀린 것이 아니라 오직 다를 뿐이라는 관용의 태도가 사람들의 증오와 폭력, 완고함을 줄이고 친절, 존중, 넓은 이해심으로 다른 사람을 대할 수 있도록 도와주는 덕목이 됩니다.

관용은 아이들이 인종과 성, 외모, 문화, 신념, 능력의 차이와 상관없이 한 개인을 인간으로서 존중하도록 도와주는 태도입니다. 관용을 갖춘 아이들은 누군가의 견해나 신념에 동의하지 않더라도 그것을 존중해 주는 능력을 갖고 있습니다. 그런 능력 때문에 이런 아이들은 잔인함과 편협한 신념, 인종주의에 쉽게 빠지지 않습니다. 이런 아이들이 세계를 더욱 인도적이고 인격적인 곳으로 만들어갈 수 있는 어른으로 성장할 것입니다.

자라나는 자녀들에게 관용을 베푸는 능력을 키워준다면 세상에 만연하는 고정관념, 증오들을 거부하고 다른 사람들의 차이점에 초점을 맞추기보다는 인간 개개인의 인격과 가치를 중시하는 태도를 보이며 살게 될 것입니다.

세상은 실로 다양한 사람들이 이루어가는 다양성의 세계입니다. 뛰어난 사람, 장애를 갖고 있는 사람, 다문화, 여러 민족들과 나라들이 모여 아름다운 세계를 만들어가는 것이 우리 모두의 이상입니다. 이 꿈을 이룰 수 있는 구체적인 능력이 바로 '좋은 성품'이라고 생각합니다. 그래서 저는 "좋은 성품의 지도자가 세상을 바꿉니다"라는 슬로건을 시작으로 하여 '좋은나무성품학교'를 설립한 것이지요. 이러한 관용의 정신은 실로 국경선을 넘어 지구촌에 살아가는 21

세기의 자녀들에게 가장 필요한 성품이라고 말할 수 있습니다.

그러면 어떻게 관용의 성품을 가르칠 수 있을까요?

1) 관용을 키우는 성품 연습

① 다른 사람의 외모에 대해 흉보지 않습니다.

② 다른 나라 사람, 다른 문화를 무시하거나 비하하는 말을 하지 않습니다.

③ "여자하고는 안 놀아" 혹은 "남자는 상대하지 않겠어"라고 말하지 않습니다.

④ 자신과 다르다고 사람들을 비웃지 않습니다.

⑤ 차이점 대신 공통점을 찾으려고 노력합니다.

⑥ 다른 사람을 괴롭히거나 놀리지 않습니다.

⑦ 괴롭힘을 당하거나 놀림을 당하는 사람 편에 서줍니다.

2) 관용을 발달시키는 자녀교육법

어린이들이 자신과 다른 사람을 인정하고 존중할 수 있도록 부모들은 의식적으로 자녀가 아주 어릴 때부터 가르쳐야 합니다.

첫째, 관용에 대한 정의와 의미를 분명하게 가르칩니다.

"관용이란 '모든 사람이 똑같은 존엄성과 권리가 있다는 것을 알고 존중해 주는 태도'(좋은나무성품학교 정의)를 말한단다"라고 분명하게 가르칩니다. 모든 사람이 귀중하다는 것과 공평하게 대해야 함을 알려줍니다. 아주 가깝게 만나는 같은 반 친구들부터 따돌리지 않아야 함을 가르칩니다.

둘째, 부모가 먼저 본보기가 되어줍니다.

자녀들은 부모의 생각을 닮아갑니다. 무의식적으로 자녀 앞에서 보이는 편견의 말들과 행동들이 자녀에게 관용의 마음을 갖게 하는데 어려움을 줍니다.

혹시 무의식중에라도 "저 아이는 이상하게 생겼구나. 가까이 가지 말거라", "저 애 부모님은 뭐하시는 분이냐?", "공부 못하는 애들하고는 놀지 마라"와 같은 말을 하지는 않았는지 돌아봅니다.

사람들의 다양성에 좋은 이미지를 심어주세요.

부모가 먼저 다양성을 포용하는 태도를 보여줍니다. "다른 사람과 똑같이 그리지 않고 다르게 그렸네? 정말 특이하고 새로워서 참 좋은 느낌이구나", "다르게 생각한 것은 없니? 한 번 찾아보거라", "꼭 똑같이 해야 한다고 생각하지 않아도 돼. 네 독특한 생각을 나타내는 것도 좋지" 등의 말로 다양한 것이 더 좋은 것이라는 긍정적인 개념을 살려주세요.

넷째. 다양한 관계를 맺도록 지도합니다.

다양한 프로그램에 자녀를 참여시켜 관계의 다양성을 직접 경험하게 합니다.

다섯째. 자녀가 긍정적인 자아정체성을 가질 수 있도록 도와줍니다. 자기 자신에 대해 긍정적인 자아 존중감이 확립된 사람은 다른 사람도 존중하는 태도를 갖습니다. 자신에 대해서 긍지를 갖고 자기의 장점을 알고 계발하려고 노력하는 사람은 다른 사람에게서도 그들의 장점을 보려고 노력합니다.

여섯째. 관용하는 사람들의 태도와 말을 관찰하도록 해 보세요.

〈관용하는 사람들의 말〉

"그 아이를 괴롭히지 마. 넌 지금 그 애를 무시하고 있는 거야."

"그 애를 우리 팀에 넣어주면 어떨까? 공부 못하면 어때?"

"그 애가 휠체어 타는 것이 어때서 그러니? 우리 같이 놀자."

"저 사람 보고 웃지 마. 네가 지금 저 사람 민족을 놀리는 거야."

"그만해, 사람의 외모 때문에 놀리는 것은 나쁜 짓이야."

〈관용하는 사람들의 태도〉

자기 자신과 다르다고 사람들을 비웃지 않는다.

인종과 문화, 외모, 성별로 놀리거나 비하하지 않는다.

장애를 갖고 있다고 멸시하지 않는다.

차이점 대신 공통점에 집중한다.

괴롭힘을 당하거나 놀림 받는 사람 편에 선다.

고정관념을 거부하고 편견을 버리라고 가르치세요.

"고정관념이란 우리가 어떤 집단이나 사람에 대해서 모두 그런 것처럼 생각하는 잘못된 방법이란다. 모두가 그런 것이 아닌데도 포괄적으로 그렇다고 믿고 있기 때문에 편견을 갖는 잘못된 태도거든"이라고 분명하게 지적해 주는 것이 필요합니다.

세계는 지금 다양성을 추구하면서 지구촌이라는 표현으로 밀접한 생활권을 강조하고 있습니다. 이러한 시기에 자신과 다른 점을 수용하지 못하는 편협한 생각으로는 세계적인 지도자가 될 수 없습니다. 나와 다른 생각을 만나면 그 생각을 존중하면서 받아들이는 법을 배울 수 있게 해 주어야 합니다. 그러기 위해서는 자신의 문화와 유산에 대한 정체성, 자신의 장점에 대한 자부심, 그리고 함께 살아가는 공동체에 대한 자부심을 갖도록 도와주어야 합니다. 그렇게 하면 우리의 자녀들이 자신의 외모나 성별, 능력과 자신의 신념에 대해 비하하지 않고 당당하게 대하면서도 다른 사람의 다름도 인정해 주는 관용의 지도자가 될 것입니다.

| 4 장 |

부모의 말 한마디로 달라지는 아이의 성품

산만한 아이, 경청하는 아이로 바꾸는 성품대화

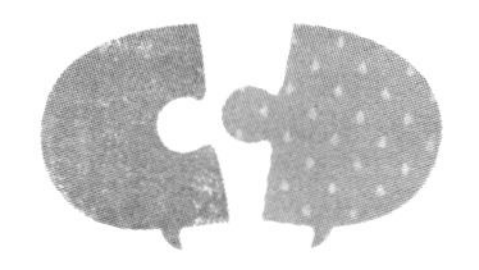

아주 산만한 남자아이 하나가 교실로 뛰어 들어옵니다. 이 아이는 걸핏하면 교실에서 떠들다가 선생님께 혼나기 일쑤였습니다. 그리고 아주 빈번하게 "선생님, 뭐라고요?"라고 되묻곤 했습니다. 또 다른 사람의 이야기를 듣지 않고 무시하는 이 아이와 어울려주는 친구는 아무도 없었습니다. 산만한 행동은 학교에서뿐만이 아니었습니다. 집에 돌아온 아이에게 내일 준비물을 물어보면 제대로 대답하는 일이 드물었습니다. 심부름을 시키면 요청과 달리 아주 엉뚱한 일을 벌여 정신을 쏙 빠지게 만들 정도였습니다.

부모님과 선생님은 아이의 이러한 행동을 보고 속상한 마음에 "왜 이렇게 산만하니?", "왜 집중하지 못해!"라고 입버릇처럼 소리쳤습니다. 하지만 아이는 그럴수록 점점 더 어수선해질 뿐이었습니다.

이 아이가 왜 이럴까요? 바로 이 시대의 아이들에게 경청의 성품이 부족하기 때문입니다. 산만하다는 것은 집중하지 않는다는 말입니다. 이런 아이는 다른 사람이 말할 때 잘 듣지 않고 부산하게 움직여 말하는 사람을 존중하지 않는 모습을 보입니다. 어떤 때는 다른 사람들에게 방해가 되기도 합니다.

1) 경청의 필요성

경청(Attentiveness)은 다른 사람이 이야기 할 때 그 사람을 바라보며 열심히 듣고, 무슨 말을 하는지 이해하려고 노력하며, 그 일이 가치 있는 일임을 보여주는 것을 말합니다. 한 마디로 경청이란 '상대방의 말과 행동을 잘 집중하여 들어 상대방이 얼마나 소중한지 인정해 주는 것'(좋은나무성품학교 정의)입니다. 경청은 나와 다른 사람을 이어주는 성품의 가장 기본이 됩니다.

세계적인 라이프 코칭 전문가이자 컨설턴트인 스테판 폴란은 "최고의 대화 방법은 듣는 것이다"라고 했습니다. 경청은 상대방을 존중하는 태도이고, 상대방의 신뢰를 얻고 친밀감을 쌓을 수 있는 관계의 첫걸음입니다. 무엇보다 경청하면서 다른 사람들을 존중하는 모습을 보여줌으로써 다른 사람들에게 더 많은 존중을 돌려받게 되는 법입니다. 경청하는 사람들은 많은 지식과 정보를 얻어 학문하는 법과 세상을 살아가는 이치를 터득하게 됩니다.

2) 온몸으로 경청한 헬렌 켈러

들을 수 없고, 말할 수 없고, 볼 수 없었지만 온 세상을 경청함으로써 자신뿐 아니라 다른 사람의 아픔까지 소중하게 인정해 주고 섬기며 살았던 성품의 리더 헬렌 켈러를 아시지요?

그녀는 1880년 미국의 작은 마을에서 태어났습니다. 튼튼하고 예쁜 아이였던 헬렌은 태어난 지 6개월 만에 "안녕"이라고 말해 주위 사람들을 놀라게 했습니다. 두 살이 되던 해 헬렌은 급성 뇌염에 걸려 앞을 보지 못하고 소리를 들을 수도 없게 되었습니다. 소리를 들을 수 없으니 말도 하지 못하게 되었지요. 그 후 헬렌은 여섯 살까지 어떠한 교육도 받을 수 없었고, 손으로 음식을 먹고 마음에 들지 않으면 닥치는 대로 주변의 물건을 집어던지는 야수 같은 행동을 하게 되었다고 합니다.

그러다 일곱 살이 되었을 때 헬렌에게 커다란 변화가 생겼습니다. 설리번 선생님이 가정교사로 오신 것입니다. 설리번 선생님은 얼굴을 씻고, 머리카락을 빗고, 나이프와 포크로 식사하는 법을 가르치기 위해 격투하듯 가르치지 않으면 안 되었습니다. 헬렌이 생활 습관을 어느 정도 몸에 익히자 설리번 선생님은 헬렌에게 수화를 가르쳐 주었습니다. 설리번 선생님이 헬렌의 손바닥에 수화 알파벳으로 사물의 이름을 일일이 가르쳐 주고, 후두에 손가락을 대 진동을 느껴 말하는 법을 가르쳤습니다.

헬렌은 다른 사람을 돕는 일에 관심이 많았습니다. 어느 날 헬렌은 자신과 처지가 비슷한, 장님에 벙어리인 네 살짜리 토미에 대해 들었습니다. 어머니는 돌아가시고 아버지까지 직장을 잃어 토미는 누구에게서도 보살핌을 받을 수 없는 형편이었습니다. 헬렌은 설리번 선생님에게 "너무 불쌍해요. 토미도 저처럼 책을 읽고 말할 수 있게 교육시켜 주세요"라고 부탁했습니다. 설리번 선생님은 비용이 너무 많이 들어 곤란하다고 말했습니다. 헬렌은 그날부터 용돈을 모으고, 주변 사람들에게 토미를 돕자는 내용의 편지를 보내 많은 사람들에게서 성금을 모았습니다. 헬렌의 적극적인 노력으로 토미는 유치원에서 교육을 받을 수 있었습니다.

이렇게 신체적 어려움이 있음에도 도움을 받기만 하지 않고 남을 돕는 마음도 가지며 자라난 헬렌은 1900년에 하버드대학교 레드클리프칼리지에 입학해, 복합 장애를 가진 사람으로서 세계 최초로 대학 교육을 받았습니다. 뿐만 아니라 우등생으로 졸업했다고 합니다. 헬렌 켈러의 노력과 정신력은 전 세계 장애인들에게 희망을 주었고, 다양한 활동으로 '빛의 천사'라고 불리기도 했습니다.

자녀에게 헬렌 켈러 이야기를 들려주면서 진정한 경청은 듣거나 보지 못해도 마음으로 경청하는 것이라 가르쳐 주세요. 다른 사람이 말하지 않아도 그 사람의 마음을 읽어주는 것이 진정한 경청입니다.

3) 경청하는 태도 연습

다른 좋은 성품과 마찬가지로 "자, 이제부터 우리 경청하자!"라고 마음먹는다고 해서 하루아침에 경청형 인간이 되지는 않습니다. 경청에도 많은 연습이 필요합니다. 경청을 잘하려면 다음과 같은 태도를 날마다 연습해야 합니다.

첫째, 경청의 정의를 정확하게 말해줍니다. 경청이란 '상대방의 말과 행동을 잘 집중하여 들어 상대방이 얼마나 소중한지 인정해 주는 것'(좋은나무성품학교 정의)이라고 말해 주세요. 사람의 행동을 변화시키려면 새로운 정보가 머릿속에 들어가야 합니다. 이 지식이 깨달음이 되어 변화를 일으킵니다.

둘째, 말하는 상대의 눈을 쳐다보라고 알려주세요. 상대방의 눈을 쳐다보는 것이 경청의 시작입니다. 경청할 때는 눈을 쳐다보면서 집중하고 있음을 상대방에게 알려주어야 합니다.

셋째, 고개를 끄떡이면서 상대방의 말을 이해하고 있다는 표시를 보내라고 가르칩니다.

넷째, 이해되지 않는 것은 바로 질문하도록 가르칩니다. 모르는 것은 질문하는 것이 바른 경청입니다.

다섯째, 경청하는 귀, 경청하는 입, 경청하는 손과 발을 가르쳐 주세요. 경청은 온 몸으로 하는 것입니다. 저는 아이들에게 성품을 가르칠 때 재미있고 행복한 경험으로 남는 교육법을 권장합니다. 그러기 위해서는 그냥 말로 가르치기보다 제스처와 함께 재미있는 억양을 넣어 가르치면 더 잘 배웁니다. "귀는 쫑긋쫑긋, 눈은 반짝반짝, 입은 예쁘게, 내 손과 발은 경청"하고 말하면서 동작을 만들어 재미있게 가르치면 아이들은 행복한 마음이 들어 더 잘 배우고 싶어 합니다.

말하는 사람을 쳐다보고, 입은 예쁘게 다물고 손과 발을 경청하는 자세로 지키는 경청의 태도를 지금부터 가르치세요. 아이들이 집중하는 모습으로 변해 산만함이 고쳐지고 학습하는 태도도 좋아집니다.

4) 경청하는 부모가 되기 위한 대화의 기초 공부

속마음 읽기, 반영적 경청

속마음 읽기란 다른 말로 반영적 경청 또는 적극적인 경청이라고 합니다. 반영적 경청이란 말하는 상대방의 속마음을 적극적으로 읽어서 표현해 주는 것입니다. 언어란 하나의 기호 체계로 마음에 있는 생각을 다른 사람이 알 수 있도록 전달해 주는 도구입니다.

엄마와 자녀가 나누는 대화를 예로 들어볼까요? 자녀가 엄마에게 어떤 정보를 줄 때 말이라는 언어를 사용합니다. 그러면 정보를 받은 엄마는 생각을 해야 합니다. 왜냐하면 자녀의 속마음을 읽어야 하기 때문입니다. 가령 자녀가 "엄마, 저 개 좀 봐!"라고 말했다고 합시다. 그러면 엄마는 그 말을 하는 자녀의 표정과 목소리 상태 등을 살펴 자녀의 속마음을 읽어야 합니다. 그리고 그것을 말로 표현해 주어야 합니다. 만약 자녀가 개를 무서워하고 있다면 엄마는 "너 저 개가 무서

운가 보구나?" 하며 자녀의 속마음을 표현해 주어야 합니다. 그러면 자녀는 거기에 즉각적인 반응을 보입니다. "응, 엄마 나 무서워!" 그다음에는 자연스럽게 엄마가 대화를 이어갑니다. "얘야, 괜찮아. 엄마가 옆에 있잖아." 이런 식의 대화가 바로 속마음을 읽는 대화입니다.

그런데 만약 엄마가 자녀의 속마음을 제대로 읽지 못하고, "개가 왜?"라고 반응한다면 대화는 더 이상 진전되지 않습니다. 자녀의 마음속에는 여전히 두려움이 자리 잡고 있기 때문입니다. 같은 말이라도 전혀 다른 의미를 담을 수 있습니다. "엄마, 저 개 좀 봐!"라고 말하는 자녀의 얼굴 표정과 목소리가 밝다면, 엄마는 뭐라고 이야기해야 할까요? "개가 참 귀엽구나!"하며 자녀의 속마음을 표현해 주어야 합니다.

자녀의 속마음을 읽기 위해서는 무엇보다 열심히 들어야 합니다. 열심히 듣는 것, 그것이 바로 적극적인 경청입니다. 그리고 자녀의 마음을 반영하며 듣는다고 해서 반영적 경청이라고 합니다. 또 자녀의 속마음을 읽어준다고 하여 속마음 읽기라고도 표현합니다.

이것을 좀 더 쉽게 이야기해 볼까요? 마음이라는 잔에 깨끗한 물이 담겨 있습니다. 그런데 그 잔에 일차적인 감정들, 곧 두려움, 무서움, 슬픔 같은 감정의 덩어리들이 쏟아집니다. 그러면 잔잔했던 물이 출렁이고 깨끗했던 물이 혼탁해집니다. 그럴 때 우리가 반영적 경청, 적극적인 경청, 혹은 속마음 읽기로 그 감정의 덩어리들을 빼주면 마음의 잔은 다시 잔잔해지며 원래의 상태로 돌아갑니다. 그러나 그 덩어리들을 그대로 내버려두면, 나중에는 그것들이 잔속에 완전히 용해돼 원래의 상태로 돌아가기 힘들어집니다. 자녀의 마음속에 두려움이라는 감정이 들어가 있는데, 그것을 그냥 내버려두면 마음 속 전체에 퍼지고 맙니다. 그렇게 되면 나중에 자녀는 자율적인 행동을 하지 못합니다. 어른도 마찬가지입니다. 감정이 고조된 상태에서는 올바로 행동하지 못합니다. 너무 흥분하면 자기 집 전화번호도 잊어버리는 것처럼 말입니다.

누가, 어떤 놈이 그랬어?

계속 스트레스를 받는 아이들은 공부를 잘하지 못합니다. 스트레스 때문에 학습 정보가 제대로 입력되지 않는 것이죠. 따라서 스트레스의 원인을 찾아 해결해 주어야 합니다. 자녀가 학교에서 돌아와 엄마에게 투덜댑니다. "엄마, 오늘 어떤 애가 나보고 바보라고 그랬어." 자, 뭐라고 대답하겠습니까? "누가, 어떤 놈이 그랬어? 엄마가 내일 찾아가서 혼내줄게." 많은 엄마들이 이렇게 얘기합니다.

하지만 그렇게 얘기한다고 자녀 마음이 시원해질까요? 아닙니다. 그럴 때는 빨리 자녀의 속마음을 읽어야 합니다. "그래? 그런 말을 들어서 네가 속상하겠구나." 그 말만 해 주면 자녀는 술술 속마음을 털어놓습니다. "응, 속상해 죽겠어. 그런데 지는 잘나지도 않았어." 다시 엄마가 말합니다. "잘나지도 않은 애가 너보고 바보라고 해서 더 약올랐겠구나. 자존심도 상하고?"

자녀가 어리다고 쉬운 말만 골라 쓸 필요는 없습니다. 정확하게 표현해 주는 것이 좋습니다. 그러면 자녀의 스트레스가 굉장히 빨리 해소됩니다.

"응, 엄마. 그런데 괜찮아. 왜냐하면 내가 걔보다 잘하는 게 훨씬 더 많거든."

이렇게 엄마가 속마음을 읽고 말로 표현해 주면 자녀는 스스로 문제를 해결합니다. 그런데 만약 엄마가 "누가, 어떤 놈이 그랬어? 엄마가 내일 당장 학교에 가서 선생님께 말씀드리고 그 아이 혼내줄게" 하면서 흥분하면 그때부터 자녀는 어쩔 줄 몰라 합니다. 작은 눈 뭉치가 집채만큼 커졌기 때문입니다. 엄마의 과민 반응이 자녀의 스트레스를 가중시킨 셈입니다. 그런 일이 반복되면 나중에 자녀는 엄마에게 쉽사리 마음을 열 수 없습니다. 보통의 자녀들은 적극적 경청, 속마음 읽기만 해줘도 정서가 아주 건강해집니다. 자녀의 마음속에 있는 부정적인 감정들을 빨리 뽑아주는 일이 중요합니다.

가려운 곳 긁어주기

그러나 대화 기술을 아무리 잘 배워도 매번 자녀의 속마음을 정확히 읽을 수는 없습니다. 때로는 잘못 읽을 수도 있습니다. 속마음 읽기란 등 긁어주기와 같습니다. 자녀들이 등이 가렵다며 긁어달라고 합니다. 그러면 엄마가 "여기?" 하며 긁어줍니다. 그러면 자녀가 "아니, 엄마. 거기 말고 더 위에" 하며 다른 곳을 긁어달라고 합니다. 마찬가지로 속마음 읽기도 틀릴 수 있습니다. 따라서 단번에 정확히 맞추어야 한다는 부담감을 버려야 합니다. 한두 번 틀려도 계속 대화를 시도하십시오. 그러다 보면 어느 지점에서 자녀의 속마음을 읽을 수도 있고 부정적인 감정들이 해소됩니다.

속마음 읽기를 할 때 가장 좋은 말이 바로 "그랬구나!"입니다. 이 말을 자주 사용하면 좋습니다. 이 말은 상대방으로 하여금 자신이 이해받고 있다는 느낌을 갖게 만듭니다. "어머, 그랬구나. 참 속상했겠다. 두려웠겠구나. 굉장히 억울했겠구나." 이렇게 "……구나"라는 말을 많이 사용하면 자녀들의 마음이 굉장히 편안해진다고 합니다. 자, 이제부터 연습해 보세요. 이 방법을 자녀뿐 아니라 남편에게도 사용해 보세요. 그러면 대부분의 문제가 해결되는 경험을 하게 될 것입니다.

속마음 읽기는 또 양파 까기와 같습니다. 양파를 까듯 껍질을 한 겹씩 까서 자녀의 속마음을 끄집어내는 것입니다. 유아들의 경우 반영적 경청만 써도 거의 모든 문제가 해결됩니다. 이제 사례를 들어 보겠습니다.

피아노보다 블록 놀이가 더 재미있구나?

형섭이는 피아노 학원을 다닙니다. 학원 수업이 3시부터니까 귀가 후 30분 정도 집에서 쉬었다 갑니다. 그런데 요즘은 블록 놀이에 빠져 수업 시간을 훨씬 넘겨 가곤 합니다. 그래서 엄마가 형섭이에게 말했습니다.

"형섭아, 피아노보다 블록 놀이가 더 재미있구나?"

이것이 속마음 읽기입니다. 그런데 형섭이 엄마의 경우 형섭이의 말이 아니라 행동을 보고 반영적 경청을 썼다는 점이 조금 특이합니다. 이처럼 우리는 자녀의 말뿐 아니라 행동까지 살펴 반영적 경청을 해야 합니다.

엄마의 말에 형섭이가 어떻게 반응했을까요? 형섭이는 시무룩한 목소리로 이야기했습니다.

"아니에요. 피아노도 재밌어요. 그런데 요즘 양손 치기를 하니까 점점 어려워진단 말이에요."

형섭이의 말을 듣는 순간 엄마는 훈계나 논리적 설득이라는 걸림돌을 사용하지 않고 교육받을 때 배웠던 반영적 경청의 한 가지인 맞장구를 쳤습니다.

"그래, 양손을 한꺼번에 치려니 참 힘들겠구나."

이렇게 한 번 더 속마음 읽기를 사용했습니다. 속마음 읽기는 여러 번 해줘도 괜찮습니다. 그러는 가운데 자녀의 마음속에 있는 감정들이 점차 해소됩니다. 속마음 읽기를 몇 번 해 주었더니 형섭이에게 의외의 대답을 들을 수 있었습니다.

"맞아요. 하지만 선생님이 매일 조금씩 연습하면 나도 누나나 형들처럼 잘할 수 있대요."

어떻습니까? 형섭이는 자신의 문제를 스스로 해결했습니다. 문제의 답을 이미 갖고 있었던 것입니다. 따라서 부모가 아이 대신 결론을 내리면 안 됩니다. "그럴수록 잘해야지. 누구에게나 어려움은 있는 거야. 견뎌야 해. 자, 가자!" 부모가 이런 식으로 말하면 자녀들은 자신의 감정을 표출하지 못합니다. 그렇기 때문에 부모는 반영적 경청을 통해 자녀들이 스스로 자신의 감정을 쏟아놓을 수 있도록 도와주어야 합니다.

반영적 경청, 절반의 성공

희철이가 아침에 일어나 엄마에게 이야기합니다.

"엄마, 오늘 유치원 가는 날이야?"

엄마가 대답합니다.

"네가 일찍 일어나서 피곤한가 보구나. 오늘이 월요일이니까 유치원 가는 날 맞는데?"

"안 피곤해. 그럼 오늘 미술도 해?"

여기까지의 대화에서 뭔가 문제가 있음을 발견합니다. 엄마가 처음에 반영적 경청을 하면서 초점을 잘못 맞췄습니다. 한마디로 가려운 곳을 정확히 긁어주지 못한 것입니다.

"엄마, 오늘 유치원 가는 날이야?" 하는 말에 엄마는 희철이가 피곤해 한다고 생각하고 그에 따른 반영적 경청을 사용했습니다. 그런데 희철이의 문제는 다른 데 있었습니다.

다음에 이어진 대화를 보면 알 수 있습니다.

"미술도 하는 날인데?"

"근데 다른 친구들은 왜 안 해? 저번에 나 울었어. 버스가 나는 빼고 친구들만 태우고 가버리잖아. 엄마, 친구들이랑 같이 버스 타고 집에 오고 싶은데."

희철이 엄마가 뭐라고 대답했을까요?

"너 혼자 남겨지는 게 싫었구나?"

이번에는 반영적 경청을 제대로 썼습니다. 그런데 그 다음이 또 문제입니다.

"응, 엄마."

"엄마는 희철이가 재밌어할 줄 알았는데?"

"나 미술 하기 싫어. 안 할래."

"너 미술은 하기 싫은가 보구나."

"응, 엄마. 하기 싫어!"

엄마가 한참 생각하다가 말합니다.

"희철이가 하기 싫으면 지금은 안 해도 돼. 대신 나중에 희철이가 하고 싶을 때 하자."

희철이가 밝은 표정으로 말합니다.

"좋아, 엄마. 그렇게 할게. 야, 신난다."

어떻습니까? 희철이의 문제가 잘 해결되었나요? 어쩐지 조금 아쉽지요? 이 경우 희철이의 속마음을 읽어주는 데는 성공했지만, 앞으로도 계속 아이가 힘들다고 할 때마다 아이의 말을 들어주는 일이 바른 자녀교육일까, 하는 의문이 듭니다.

만약 문제가 안 된다고 생각한다면 여기서 대화를 끝내도 좋습니다. 하지만 자녀에게 한 번 시작한 일은 힘들어도 끝까지 해야 한다고 가르치고 싶다면 엄마의 마음을 잘 표현하는 기술, 즉 '내 마음 표현하기'를 사용해야 합니다.

5) 경청의 성품으로 변화하는 아이들

성품사례 | 엄마 왜 내 말에 경청 안 했어!(경기도 용인의 하유진 어머니)

저녁 식사를 준비할 때 일어난 일이었습니다. 유진이가 동생과 잘 놀아주기에 아무 걱정 없이 식사 준비를 하고 있었습니다. 그런데 조금 지나니 유진이가 엄마를 부르더라고요. 뭐라 뭐라 하면서 부르는데 저는 TV 소리와 싱크대 물소리에 제대로 알아들을 수 없어서 "어, 알겠어"하고 말았습니다.

그때였습니다. 동생의 울음소리가 들리고 유진이는 놀란 얼굴로 엄마한테 달려왔습니다. 저는 유진이가 동생을 괴롭힌 줄 알았는데 유진이가 저한테 화를 냈습니다. "엄마, 왜 내 말에 경청 안 했어!" 하면서요. 달려가 보니 동생이 보행기에서 나오려다가 잘못해서 거꾸로 매달려 있었습니다. 유진이는 계속 그 상황을 알려주려 했던 것이고요.

정말 웃음이 나올만한 광경이었습니다. 하지만 조금만 더 늦었으면 아이가 어딘가 다쳤을지도 모른다고 생각하니 아찔했습니다. 유진이의 말에 귀 기울이지 않아서 일어난 일인지라 유진이한테도 유진이 동생한테도 많이 미안했습니다. 매일 유진이에게 경청을 가르치면서 정작 엄마는 그러지 못했으니까요. 동생을 지켜주려 했던 유진이 말에 경청하지 못한 저는 아직도 유진이에게 미안해 하고 있습니다. 그리고 지금은 유진이가 힘이 세져서 동생을 번쩍번쩍 안고 다닐 수 있어 더 이상 그런 일은 없습니다.

경청의 성품에 대해 가르치면서 가족 간의 대화가 얼마나 소중한지 새삼 느낄 수 있었습니다. 돌이켜 생각해 보니 유진이에게 "안 돼"라는 말을 많이 사용했는데 경청의 성품교육을 통해 "안 돼"라는 말 대신 왜 안 되는지를 설명하며 말할 수 있는 계기가 되었습니다. 유진이도 좋은나무성품학교에서 배운 성품을 바탕으로 인내하며 경청할 수 있는 자세를 배운 것 같습니다.

짜증내는 아이, 긍정적인 아이로 바꾸는 성품대화

새로운 일을 겁내며 시도하려 들지 않는 아이가 있습니다. 무슨 일을 하려 하면 시작하기도 전에 비관적인 말을 쏟고 부정적으로 보고 실패를 두려워합니다. 이런 아이들을 어떻게 하면 긍정적인 생각, 말, 행동을 하도록 바꿀 수 있을까요? 불평으로 가득한 부정적인 마음을 어떻게 희망을 가득 품은 긍정적인 마음으로 바꿀 수 있을까요?

1) 긍정적인 태도의 필요성

1968년 하버드대학교 사회심리학과 교수인 로버트 로젠탈과 미국에서 20년 이상 초등학교 교장을 지낸 레노어 제이콥슨은 미국의 한 초등학교에서 전교생을 대상으로 지능 검사를 한 후, 결과와는 상관없이 무작위로 한 반에서 20퍼센트의 학생을 뽑았습니다. 그리고 선발한 학생들의 이름을 담임교사에게 주며 '지적 능력과 학업 성취의 향상 가능성이 높은 학생'이라고 믿게 했습니다. 8개월 후 동일한 지능 검사를 다시 실시했는데, 그 결과 선발되었던 학생들은 다른 학생들보다 평균 점수가 높게 나왔을 뿐 아니라 학교 성적도 크게 올랐다고 합니다. 이처럼 긍정적으로 자신을 대하고 다른 사람에게 긍정적인 태도로 대접받으면 긍정의 기적이 일어납니다.

긍정적인 태도에는 우리 자녀를 변화시킬 수 있는 큰 힘이 있습니다. 긍정적인 태도(Positive Attitude)란 '어떠한 상황에서도 가장 희망적인 생각, 말, 행동을 선택하는 마음가짐'(좋은나무성품학교 정의)입니다. 이런 태도를 가진 아이는 실패를 먼저 생각하지 않습니다. 성공하는 방향으로 생각하고, 성공하는 길을 찾기 위해 연구하고 노력합니다. 또한 부정적인 태도를 가진 아이가 불가능하다고 외면할 때도 그것을 가능하게 하는 방법을 찾는 데 노력을 기울입니다.

상황이 어떻든 그 속에서 가장 희망적인 생각을 선택하고, 가장 희망적인 말을 하고, 가장 희망적인 태도를 취하도록 가르쳐야 합니다. 성품은 선택입니다. 자신이 선택한 그대로가 자신의 성품이 된다는 것을 가르쳐 주어야 합니다. 자녀를 긍정적인 성품으로 가르치려면 먼저 부모가 긍정적이어야 합니다. 긍정적인 태도로 양육하는 모습을 자녀에게 직접 보여주세요.

반면 부정적인 태도는 자녀에게 나쁜 영향을 미칩니다. 이른바 낙인 효과로 부모가 자녀에게 "네가 하는 일이 다 그렇지", "네가 뭘 하겠니?", "넌 안 돼!"라고 비난하고 평가하면서 자녀의 가치를 깎아내리면 어느새 자녀는 부모가 말한 대로 아무것도 할 수 없는 아이가 될 수 있다는 것입니다.

결국 부모의 긍정적인 태도가 자녀를 더욱 긍정적이고 자신감 있는 아이로 만드는 것입니다.

2) 죽음의 수용소에서 살아남은 빅터 프랭클 박사

빅터 프랭클은 오스트리아에서 태어나 신경정신과 의사로 살아가고 있었습니다. 그러다 1942년 2차 세계대전 중 유대인이라는 이유로 부모님과 아내, 형제, 친구들과 함께 기차에 실려 아우슈비츠 수용소로 끌려가고 말았습니다. 그들은 그곳에 도착하자마자 모두 뿔뿔이 흩어져 서로의 생사조차 알 수 없었습니다. 수용소로 끌려간 많은 사람들이 굶주림과 질병으로 죽어갔습니다.

빅터 프랭클 역시 책을 만들려던 소중한 원고를 모두 독일군에게 빼앗기고 언제 죽음의 가스실로 끌려갈지 모르는 공포를 느끼며 몹시 절망했습니다. 그때 누군가 그가 입을 죄수복을 건네주었는데, 그 옷에서 작은 쪽지를 발견했습니다.

"진심으로 네 영혼과 힘을 다하여 하나님을 사랑하라."

빅터 프랭클은 이 성경 구절을 보는 순간 무슨 일이 닥쳐도 열심히 살아남아 삶의 목적을 찾아야겠다고 결심했습니다.

당시 아우슈비츠에 갇힌 유대인들은 견디기 힘든 중노동을 하면서도 제대로 먹지 못하고, 씻기는커녕 마실 물조차 얻기 어려운 생활을 했습니다. 그런 생활에서 빅터 프랭클은 하루에 한 컵 씩 배급되는 물을 받으면 반만 마시고 나머지로는 세수를 하고 유리조각으로 면도를 했습니다. 턱없이 부족한 물로 세수를 하려니 깨끗하게 되지 않았고, 유리 조각으로 면도를 하려니 베이기 일쑤였지만 씻는 일을 게을리 하지 않았습니다. 또한 그는 결코 낙담하거나 절망적인 말을 입에 담지 않았습니다. 다른 유대인들은 가축우리처럼 지저분한 숙소해서 병약해진 몸으로 모든 희망을 잃은 채 마치 동물처럼 죽음을 기다리며 살았습니다. 하지만 그는 인간의 존엄성을 잃지 않기 위해 필사적으로 노력했습니다.

빅터 프랭클은 다른 죄수보다 깨끗하고 건강해 보인 덕분에 가스실로 붙들려 가는 일을 면할 수 있었습니다. 그리고 끝까지 살아남아 죽음의 수용소 아우슈비츠에서 해방되었습니다. 그를 죽음의 수용소에서 살아남게 한 의미는 무엇이었을까요?

그것은 힘든 환경에서도 인간답게 살아남아 다른 사람들에게 그 의미를 알려주어야겠다는 생각, 그리고 오늘 바라보는 저녁놀을 내일도 볼 수 있을 거라는 믿음이었다고 합니다. 언제 죽을지 모르는 두려운 상황, 인간이 살아갈 수 없는 지독한 환경에서도 빅터 프랭클은 긍정적인 마음가짐을 잃지 않기로 선택했고, 결국 승리할 수 있었습니다.

빅터 프랭클은 이후, 훌륭한 의사로 로고스테라피(의미 치료)라는 심리 치료 이론을 만들어 많은 사람들의 마음의 병을 치료하는 데 힘썼습니다.

3) 긍정적인 태도 연습

긍정적인 태도를 가진 사람은 실패를 먼저 생각하지 않습니다. 늘 성공하는 방향으로 생각하고, 성공할 수 있는 길을 찾기 위해 연구하고 노력합니다. 긍정적인 태도는 이렇게 가르치세요.

① 날마다 자녀들의 장점을 한 가지씩 찾아 칭찬해 주세요.

긍정적인 태도는 내가 얼마나 소중한 사람인지 인정하는 일에서부터 시작됩니다.

② 부정적인 언어를 멈추고 긍정적인 언어로 바꾸세요.

"짜증나", "못 살아", "배불러죽겠어"와 같은 부정적인 언어를 부모가 먼저 멈추고 "기뻐요", "널 보면 행복해", "나는 …… 때문에 살맛이 나", "나는 당신으로 인해 살아가는 의미를 느껴"와 같은 긍정적인 언어로 이야기하세요.

③ 항상 모든 일에 감사하세요.

내게 주어진 모든 환경을 감사하게 여기고 만족스럽게 생각한다면 우리의 삶은 더욱 풍성해집니다. 불평하지 않는 자녀로 키우기 위해서는 먼저 감사를 가르쳐야 합니다. 불평하는 말 대신 감사를 표현하게 하세요. 감사하다는 말이 습관이 되도록 하는 것이 좋습니다.

④ 긍정적인 태도의 3단계를 가르치세요.

행동하기 전에 멈추고 생각해 보고 가장 좋은 것을 선택하는 훈련이 필요합니다. "멈추기! 생각해 보기! 선택하기!"라고 외치게 하세요. 짜증내기 전에, 부정적인 행동을 하기 전에 '멈추기!' 잠시 여러 가지 방법을 '생각해 보기!' 가장 좋은 선택을 '선택하기!'라는 긍정적인 태도의 3단계를 생활 속에서 실천하고 적용해 보게 합니다.

⑤ 힘들 때는 '긍정의 법칙'을 사용하세요.

"내가 계속 속상해하고 있는 다면 내게 무슨 유익이 있을까?"라고 말하면서 가장 희망적인 생각, 말, 행동을 선택하도록 노력합니다.

⑥ 스스로를 긍정적으로 격려하게 도와주세요.

아침에 일어나자마자 "나는 잘할 수 있어"라고 말하면 스스로에게 격려가 됩니다. 가족들에게 밝은 표정으로 인사하게 하세요.

아이들은 모방을 통해 가장 잘 배웁니다. 부모님이 먼저 긍정적인 태도를 실천해 보세요. 아이들은 가정에서 부모님의 모습을 보면서 '긍정적인 태도'의 성품을 잘 배울 수 있습니다.

4) 긍정적인 부모가 되기 위한 대화의 기초 공부

- *네 형은 안 그러는데 넌 왜 그러니?(형제간에 비교하는 말)*
- *다시 한 번 그러면 그냥 안 둔다?(위협하는 말)*
- *답답해 죽겠다!(재촉하는 말)*
- *엄마는 화내고 싶어서 화내는 줄 아니?(변명하는 말)*
- *넌 정말 어쩔 수 없구나!(가능성을 부정하는 말)*
- *넌 왜 그렇게 머리가 나쁘니?(결점을 비난하는 말)*
- *넌 몰라도 돼!(무시하는 말)*
- *너 이거 안 하면 혼난다!(강요하고 지시하는 말)*

이것은 청소년 설문을 통해 본 자녀를 슬프게 하는 8가지 말입니다. 자녀들이 부모에게서 가장 듣기 싫어하는 것이 바로 형제간에 비교하는 말이죠. 위의 말 중에서 한 가지도 하지 않은 부모가 있을까요? 그런데 이런 말들이 우리 자녀들에게 어떤 영향을 미치는지 안다면, 별생각 없이 쉽게 말하는 일은 없을 것입니다. 교육에 실패하는 부모들의 말하는 습관을 살펴보면 다음과 같습니다. 이렇게 하면 자녀 양육은 실패할 수밖에 없습니다.

첫째, "옆집 누구는 그렇게 잘하는데 너는 왜 이러니?"라며 매사에 자녀를 남과 비교하는 것입니다. 이때 비교하는 옆집 아이는 자녀에게 자극이 되지 않고 오히려 스트레스만 줍니다. 옆집 아이랑 매번 비교해 봤자 절대 옆집 아이처럼 되지 않습니다. 다른 아이와 비교하면 스트레스만 더 쌓이고 자녀교육은 실패로 돌아갑니다.

둘째, 무조건 "하지 마라"는 식의 말입니다. 자녀들이 부탁하면 적당한 조건을 달더라도 가능한 한 허락할 수 있는 방법을 궁리하십시오. 자녀들은 자신의 말을 들어주려고 고민하는 부모에게 정을 갖게 됩니다. 무조건 "안 돼"라며 무시하기보다는 "그거 참 곤란한데. 하지만 네가 숙제를 다 하면 놀러갈 수도 있겠다"처럼 적극적으로 자녀의 요구에 대해 고민하는 모습을 보여주는 부모에게 아이들은 훨씬 정을 느낍니다.

셋째, 얼굴만 마주치면 공부하라고 강요하는 것입니다. 항상 강요당하는 자녀는 인생이 피곤해져서 매사에 의욕을 잃고 맙니다.

넷째, 매사에 이랬다저랬다 원칙 없이 흔들리는 부모는 쉽게 체통을 잃습니다. 자녀는 그런 부모의 언행을 따르지 않습니다.

다섯째, 실수 한 번 했다고 "이 바보야, 이 웬수야!"라고 윽박지르는 것입니다. 이런 말을 자주 듣고 자라면 자녀는 정말로 바보가 될지도 모릅니다. 이런 말은 자녀를 저주하는 것과 마찬가지입니다.

여섯째, 말끝마다 "네까짓 게 뭘 안다고 까불어?" 하며 자녀의 기를 죽이는 것입니다. 부모에게 인정받지 못하는 자녀는 결국 사회에서도 인정받지 못하는 사람이 되기 쉽습니다.

일곱째, 자녀에게 화풀이하는 것입니다. 속상하다고 자녀에게 화풀이를 하면 자녀는 부모에 대한 반항심만 가질 뿐입니다.

왕따 당하는 엄마의 12가지 말버릇

대화하는 데 특히 걸림돌이 되는 것들이 있는데 그런 말을 쓰면 바람직한 대화를 할 수 없습니다. 이를 꼭 알아두고 이런 말들이 습관이 되지 않도록 노력해야 합니다. 다음은 토마스 고든이 제시한 대화의 걸림돌 12가지 유형입니다.

첫째, 명령과 강요입니다. "꼭 해야 해. 그러지 않으면 혼난다." 이런 식의 명령과 강요로는 원만한 의사소통이 되지 않습니다. 엄마들도 편하지 않을 것입니다. 명령하고 강요한다고 상대방이 말을 잘 듣습니까? 사람 심리가 그렇지 않습니다. 튀는 심리, 용수철 심리가 있어서 꼭 반대로 나갑니다. 그래서 명령과 강요의 어투를 잘 쓰는 사람은 대화에 문제가 있다고 생각하면 틀림없습니다. 아마 자녀 뿐 아니라 주변의 모든 사람들하고도 문제가 있을 것입니다. 명령과 강요라는 걸림돌이 가로막고 있기 때문에 자꾸 사람들과 문제가 생기는 것이죠.

둘째, 경고와 위협입니다. "그렇게 하지 않으면 가만두지 않겠어." 이런 말은 공포감과 심한 저항을 부릅니다. 맹목적인 복종을 유도할 수도 있지만, 모르는 사이 원망과 분노, 반항이 쌓입니다. 그래서 이런 식의 말은 언젠가는 반항적인 행동이나 말대꾸로 이어지기 마련입니다. 자녀가 왜 자꾸 반항하는지 잘 생각해 보십시오. 부모에게서 이런 식의 위협이나 명령, 강요, 경고 등을 많이 듣고 자라는 아이들은 반항적으로 되기 쉽습니다.

셋째, 훈계와 설교입니다. "그러니까 이렇게 하라고 했잖아, 이제 알았어?" 훈계하고 설교하는 말투는 의무감이나 죄책감을 불러일으킵니다. 그러니까 기꺼이 하기보다는 의무감이나 죄책감으로 마지못해 하게 되고, 자기 입장을 고집하거나 방어하려 듭니다. 이런 말투는 자녀의 책임감을 믿지 못함을 전달하는 것이나 마찬가지입니다. 자꾸 잔소리를 하는데 듣는 사람이 어떻게 생각하겠습니까? 못 믿겠다는 뜻 아닙니까? 그러면 결국 자녀에게 불신감을 전달하는 결과를 낳습니다.

넷째, 섣불리 충고와 해결책을 제시하는 것입니다. "그런 건 이렇게 해야지." 모처럼 작심하고 남편에게 고민을 털어놓는데 말머리를 툭 자르며 "사람이 왜 그리 어수룩해? 그런 건 이렇게 했어야지"라고 한다고 합시다. 이야기할 맛이 납니까? 남편들은 또 어떻습니까? 회사에서 있었던 안 좋은 일을 힘겹게 꺼냈는데, 아내가 한 술 더 떠 그런 일도 제대로 못했느냐고 힐난하면서 다음부터는 이렇게 하라고 충고하면 이야기를 계속하고 싶겠습니까? 그러면 그럴 때 어떻게 해야 할까요? 그냥 들어주면 됩니다. "당신 참 속상했겠다." 이 말만 하면 됩니다.

그런데 우리는 꼭 한두 마디 덧붙입니다. 충고를 안 하고는 못 배깁니다. 상대방이 충고를 들으면 그대로 할까요? 그렇지 않습니다. 청개구리 심리가 있어서 막상 하려다가도 옆에서 부추기면 공연히 하기 싫어집니다. "그럼 어떻게 하려고요?"라고 물으면 상대방이 원래 하고 싶었던 말을 합니다. 말하고 싶지 않게 입을 막아놓고는, 왜 말이 없느냐고 잔소리를 퍼붓는 악순환의 고리를 끊어야 합니다. 이런 대화가 반복되면 가족들조차 가족이 자기 동굴 속으로 들어가 버립니다. 자녀들도 마찬가지입니다. 당장은 무슨 문제가 생기겠느냐 싶게 엄마 말을 잘 들을 수 있지만, 충고에 너무 의존하거나 반대로 저항을 심화시킬 수도 있습니다. 의존성이 큰 자녀는 자꾸 충고하고 해결책을 제시해 주면 문제가 있을 때마다 엄마에게 의존하려 듭니다. 그리고 실생활에서 문제를 파악하고 해결하려는 노력을 하지 않게 됩니다. 반면 공연히 저항감을 부채질해 정말로 엄마의 충고가 필요한 순간에도 이유 없이 거부하는 일이 생길 수 있습니다.

다섯째, 논리적인 설득이나 논쟁입니다. "그래서 네가 잘했다는 거야? 어디 입이 있으면 말해봐!" 입씨름은 여자들의 장기입니다. 하지만 잘했다고 바득바득 우기고 쏘아붙여서 무엇을 얻겠습니까? 보통 남자들은 "그래 너 잘났다!" 하고는 문을 닫고 나가버립니다. 말씨름에서 졌다고 마음으로 그것을 받아들이는 경우는 많지 않습니다. 그만큼 반감을 불러일으킨다는 뜻입니다. 아무리 좋게 이야기하려 해도 몸에 밴 습관이라 어쩔 수 없다는 엄마들도 있습니다. 하지만 기억하십시오. 논쟁에서 이겨봤자 소용없습니다. 그런 승부는 이기나 마나입니다. 진정한 승리는 자녀가 한걸음 더 다가와 엄마에게 귀를 기울이게 하는 것입니다.

여섯째, 비평과 비난입니다. "너는 신중하지 않은 게 탈이야"와 같은 말이지요. 어느 대학의 유명한 교수님이 박사 과정에 있는 학생들 앞에서 오늘은 도저히 수업을 할 수가 없다고 하더랍니다. 책임도 많이 맡고 계신 분인데, 그날 아침에 부인이 바가지를 긁었다면서 강의를 못 하겠다는 것이었습니다. 그 부인은 아침부터 남편에게 이래서야 언제 집이나 살 수 있겠느냐고, 언제 사대문 안으로 들어갈 수 있겠느냐고 했답니다. 그러니 교수님은 이렇게 뼈 빠지게 공부하고 열심히 강의한들 아내한테 존경도 못 받고 날마다 이런 소리나 듣는 자기가 살아서 뭐하느냐는 생각이 들었답니다.

늘 비평하고 비난하는 태도가 문제입니다. 비판을 받으면 그 비판대로 자기를 인식하기 쉽습니다. 특히 자아정체성을 형성하기 시작하는 자녀를 반복적으로 비판하면 자녀는 자신이 무능력하고 어리석고 형편없다고 결론 내립니다. 부모의 그러한 태도는 "나는 형편없어"라는 자기 인식, 자기 비하로 이어질 가능성이 큽니다. 그냥 속이 상해서 내뱉은 비판 한 마디가 '나는 원래 그래'라는 생각으로 굳어버립니다. 비평과 비난은 자녀와의 대화를 가로막는 큰 걸림돌입니다. 잊지 마십시오. 비판은 아이들 스스로 패배자라고 생각하게 만듭니다. 또한 아이들을 방어적, 반항적으로 만들고 새로운 것을 하고자 하는 동기나 바람을 박탈합니다.

일곱째, 기준 없는 칭찬과 찬성입니다. "그래 네 말이 맞아. 그 친구가 잘못한 거야"라는 찬성도 걸림돌이 될 수 있다니 의아할 것입니다. 물론 걸림돌이 되지 않는 칭찬도 분명 있지만 자녀의 고질적인 문제와 관련된 칭찬은 말 그대로 독이 됩니다. 예를 들면 성적에 대한 노이로제가 있는 자녀가 어쩌다 100점을 받았습니다. 그런데 그걸 모르고 별생각 없이 "네가 100점을 받다니 엄마는 살맛난다"며 칭찬을 하면 자녀는 부담감으로 숨이 막힙니다. '엄마는 내가 100점을 받아야 살맛나는구나. 내가 100점을 못 맞으면 속상할 거야'하는 불안감을 주는 것이죠. 그래서 어떤 결과에 대한 칭찬보다 "엄마는 우리 아들(딸)이 그렇게 열심히 하는 것을 보니 정말 좋아. 굉장히 기뻐. 우리 아들(딸)이 정말 자랑스러워"하며 엄마의 메시지를 전해 주는 것이 좋습니다. 칭찬과 찬성도 잘못하면 걸림돌이 될 수 있음을 염두에 두어야 합니다.

여덟째, 욕설과 조롱입니다. "울보야, 바보야, 그래 너 잘났구나." 부모가 이렇게 말하면 자녀는 자신을 가치 없고 사랑받지 못하는 존재로 느낍니다. 물론 자녀의 자아상에 파괴적인 영향을 끼치거나 종종 말대꾸를 유발하기도 합니다.

아홉째, 분석과 진단입니다. "네가 그렇게 한 것은 이런 문제가 있기 때문이야"하는 식으로 분석하고 진단해 주는 것도 걸림돌입니다. 엄마의 심각한 분석과 진단은 자녀에게 위협과 좌절을 주어 엄마에게 노출되는 일이 두려운 나머지 대화를 멈추게 합니다. 우리는 분석과 진단이 필요해서가 아니라 이해받기 위해 대화합니다. 사실 상대가 문제를 해결해 주길 바라는 마음에 이야기하는 사람은 그리 많지 않습니다. 심지어 상담 전문가 가운데서도 정말 상담을 잘하는 사람은 잘 들어주는 사람이라고 합니다. 상담을 받으러 간 사람은 자기 이야기만 쭉 하고 나면 속이 시원하다고 합니다. 상담가가 대단한 해결책을 제시했기 때문이 아니라 자기 이야기를 다 하고 나니 마음이 가뿐한 것입니다. 이처럼 대부분 스스로 문제를 해결할 수 있습니다.

열째, 동정과 위로입니다. "걱정하지 마. 앞으로는 잘 될 거야. 기운 내." 이러한 위로도 걸림돌이 될까요? 만약 상대의 심각함을 건성으로 받아들인다면 그럴 수 있습니다. 내 아이가 열이 펄펄 나고 울어대는데 옆집 엄마가 아무렇지도 않게 "애들은 원래 그래. 그러면서 크는 거야"라고 심드렁하게 말하면 얼마나 속이 상하겠습니까? "열은 재봤어요? 큰일 났네." 이런 말이 오히려 위로가 됩니다. 또 자녀는 그 조그만 마음에 심각함을 담고 걱정하는데, 엄마는 어른이라고 아무렇지도 않게 반응하면 좌절감을 줄 수 있습니다. 엄마가 의연한 것도 좋지만, 자녀가 염려하는 문제에 대해 충분히 고민하는 모습을 보여주는 편이 더욱 좋습니다.

열한째, 캐묻기와 심문입니다. "그래서? 뭐라고 했는데? 누구라고?" 대화에는 연습이 필요한데 막상 대화하기를 연습하는 사람은 거의 없습니다. 연습의 효과를 모르기 때문입니다. 남편들에게는 본능적으로 문제 해결사 역할을 하고자 하는 욕구가 있습니다. "그래서? 왜? 그런데? 그러니까 내가 뭐래, 이렇게 하란 말이야." 하지만 아내에게는 이런 말보다 공감과 이해가 필요합니다. 그러므로 남자들은 본능적으로 그렇다는 것을 이해하고 대화하는 법을 가르쳐줘야 합니다. 그런데 문제가 있을 때 그 자리에서 이야기하면 절대로 받아들이지 않습니다. 문제가 되지 않는 자리에서 남편과 좋은 관계일 때 이야기하는 것이 좋습니다. 자녀하고도 마찬가지입니다. 대화를 잘하기 위해서는 연습이 필요함을 잊지 마십시오.

열둘째, 화제 바꾸기와 후퇴입니다. "이제 그 일은 다 잊어버리고 밥이나 먹자." 자녀는 제법 심각한데 밥이 아무리 중요해도 그렇게 끼어들면 안 됩니다. 해결도 못 했는데 밥이 넘어가겠습니까? 그러니까 자녀에게는 위로받지 못한다는 느낌이 자꾸 쌓입니다. 어렸을 때는 그냥 넘어갈 수도 있습니다. 그러나 그런 일이 자꾸 쌓이면 양파처럼 껍질이 많아지면서 '엄마하고는 얘기해 봤자'라는 좌절감에, 친구나 다른 대상을 찾는 것입니다.

대화를 망치는 12가지 말, 말, 말

① 꼭 해야 해. 그렇지 않으면 혼난다.(명령과 강요의 말)

② 그렇게 하지 않으면 가만두지 않겠어.(경고와 위협의 말)

③ 그러니까 이렇게 하라고 했잖아. 이제 알았어?(훈계와 설교의 말)

④ 그런 건 이렇게 해야지.(섣부른 충고의 말)

⑤ 그래서 네가 잘했다는 거야? 어디 입이 있으면 말해봐.(설득과 논쟁의 말)

⑥ 너는 신중하지 않은 게 탈이야.(비평과 비난의 말)

⑦ 그래 네 말이 맞아. 그 친구가 잘못한 거야.(기준 없는 칭찬과 반성의 말)

⑧ 울보야, 바보야, 그래 너 잘났구나.(욕설과 조롱의 말)

⑨ 네가 그렇게 한 건 이런 문제가 있기 때문이야.(분석과 진단의 말)

⑩ 걱정하지 마, 앞으로는 모든 게 잘 될 거야.(동정과 위로의 말)

⑪ 그래서? 뭐라고 했는데? 누구라고?(캐묻기와 심문의 말)

⑫ 이제 그 일은 잊어버리고 밥이나 먹자.(화제 바꾸기와 후퇴의 말)

부모가 먼저 긍정적인 태도로 대화해 주어야 합니다. 가장 희망적인 생각, 희망적인 말, 희망적인 행동을 선택해서 대화하세요.

5) 긍정적인 태도의 성품으로 변화하는 아이들

성품사례 | 상엽이의 긍정적인 마음 선물 (서울의 김상엽 어머니)

할아버지와 할머니의 결혼기념일이었습니다. 상엽이는 특별히 선물을 준비하지 못해 아쉬워하는 것 같았습니다. 그런데 갑자기 상엽이가 벌떡 일어나 '긍정적인 태도'에 대해 이야기했습니다. "선물을 준비 못한 것도 속상한데 그것 때문에 시무룩하면 나에게 무슨 유익이 있을까?"라고 말했습니다. 순간 모든 식구들이 놀랐습니다. 상엽이가 좋은나무성품학교에서 배운 긍정의 법칙을 선물한다고 말해서 온 식구가 행복한 웃음을 터뜨렸지요.

상엽이가 긍정적인 생각에 대해 알고 기억한 것이 무척 자랑스러웠습니다. 그런 상엽이의 모습을 보며 우리 가족 모두 긍정적인 마음가짐에 대해 이야기했습니다. 물론 할머니 할아버지께서도 무척이나 자랑스러워하셨고요. 상엽이가 무엇보다 큰 선물을 우리 갗고 모두에게 안겨주었습니다.

성품사례 | 은서가 우리에게 준 선물 (경기도 광주의 박은서 어머니)

은서가 긍정적인 태도를 선물로 받았습니다. 지난번 할아버지 댁에 갔을 때 할아버지께서 동생 민서의 샌들이 닳았다며 새로 사주셨는데 은서가 조금 시무룩해하기는 해도 의외로 불평 없이 가만히 있었습니다. 그런데 어제 할아버지와 할머니께서 집에 오셨다가 "은서 샌들도 닳았구나!" 하면서 샌들을 사주셨습니다. 은서가 어찌나 좋아하던지. 그런데 은서의 말이 정말 멋졌습니다.

"지난번에 동생 샌들만 새로 사주셨을 때 제가 불평하지 않고 긍정적인 태도를 선택했기 때문에 할아버지께서 은서한테도 새 신발을 사주신 거예요."

이렇게 이야기하는 은서가 정말 예뻤습니다.

긍정적인 태도의 성품을 배우기 전인 5월, 은서에게는 샌들이 2개나 있고 동생 민서에게는 하나도 없어서 민서 샌들을 사러 갔습니다. 그런데 은서가 하도 떼를 써서 똑같은 샌들을 사준 적이 있습니다. 그런데 지난번에는 민서만 사주었는데도 은서가 담담하게 반응해 무척 놀랐는데, 좋은나무성품학교에서 긍정적인 태도를 배워 이렇게 달라졌나 봅니다.

이기적인 아이,
배려하는 아이로 바꾸는
성품대화

무엇이든 자기 고집대로만 하려는 아이는 절대 양보하지 않고 친구들과 놀다가도 자기 뜻대로 안 되면 모두 망쳐놓고 돌아옵니다. 어떻게 하면 좋을까요? 도대체 왜 그럴까요?

핵가족 가정의 자녀들이 점점 더 이기적이고 배려하지 못하는 아이들로 자라고 있습니다. 그 원인으로 사회성 부족을 꼽을 수 있는데, 이러한 아이들은 또래 친구들과의 관계에서는 물론 학습 태도에서도 많은 문제를 보입니다. 우선 사회성 부족의 유형은 크게 세 가지로 나누어볼 수 있습니다.

첫째, 인지발달이 늦어 나이에 비해 자기중심적인 사고에서 벗어나지 못하는 경우와 둘째, 외동아이로 자라면서 자기 마음대로 하는 것이 습관으로 굳어 다른 사람을 배려할 줄 모르는 경우, 셋째, 심리적 욕구가 충족되지 않아 항상 피해의식을 지니는 과잉 방어 형태인 경우로 이기적인 양상을 나타낼 때도 있습니다.

이처럼 사회성이 부족한 원인이 다양한 만큼 그 원인에 따라 각각 다른 근원적인 도움이 필요합니다. 인지발달이 부족한 경우에는 정확한 평가를 거쳐 부족한 발달 부분을 촉진시키는 데 신경을 써야 합니다. 또 외동아이로 자라면서 자기 마음대로 하는 것이 습관으로 굳어진 경우에는 아이가 한 잘못된 행동을 다른 사람이 어떻게 느끼는지 설명해 주고 납득할 수 있도록 가르쳐야 합니다. 항상 받기만 하고 베푸는 경험이 부족한 경우에는 다른 사람의 기분을 이해하는 능력부터 길러주어야 합니다. 예를 들어 "네가 동생을 생각해 양보해 주니 참 고맙구나"라는 말을 자주 해 주는 것도 좋은 방법입니다. 칭찬만큼 교육 효과가 높은 방법도 없습니다. 그리고 자신의 좋은 행동이 다른 사람에게 기분 좋은 영향을 끼친다는 것을 알면 아이 스스로 더욱 좋은 행동을 하려고 노력하게 됩니다.

심리적 욕구가 충족되지 않아 피해의식이 크다면 이기적인 행동을 나무라기 전에 불만스러운 점이 무엇인지 살펴봐야 합니다. 또 아이들의 이기적인 행동은 부모를 보며 닮기도 하고, 무엇보다 부모가 무조건 들어주는 그릇된 양육법 때문임을 명심해야 합니다. 부모가 아이의 바람을 들어주지 못할 때는 아이가 이해할 수 있도록 눈높이에 맞게 타당한 이유를 설명해 주는 것이 좋습니다.

1) 배려의 필요성

배려(Caring)란 '나와 다른 사람 그리고 환경에 대하여 사랑과 관심을 갖고 잘 관찰해 보살펴 주는 것'(좋은나무성품학교 정의)입니다. 내 생각대로 다른 사람을 잘 대해 주는 것이 아니라 상대방의 필요와 요구에 따라 잘 보살펴 주는 것이 바로 진정한 배려입니다. 그러므로 배려를 잘하기 위해서는 먼저 다른 사람을 사랑하는 마음과 관심을 가져야 하는데, 이를 위해서는 다음과 같은 태도를 갖춰야 합니다.

첫째, 다른 사람의 말과 행동을 잘 관찰해 듣는 경청의 태도가 필요합니다. 경청은 '상대방의 말과 행동을 잘 집중하여 들어 상대방이 얼마나 소중한지 인정해 주는 것'(좋은나무성품학교 정의)입니다. 경청의 바른 자세는 하던 일을 모두 멈추고 상대방에게 집중하는 것입니다. 또한 상대방의 말에 반응하며 상대방의 말을 요약해 듣는 것도 올바른 경청의 자세입니다. 그리고 이야기한 것을 잘 기억할 수 있도록 기록하고, 모르는 것이 있으면 질문을 해야 합니다. 다른 사람을 배려하기 위해서는 경청하는 태도가 우선적으로 필요합니다.

둘째, 다른 사람의 기분을 이해하고 상냥하게 대해 주는 긍정적인 태도가 필요합니다. 긍정적인 태도는 '어떠한 상황에서도 가장 희망적인 생각, 말, 행동을 선택하는 마음가짐'(좋은나무성품학교 정의)입니다. 다른 사람을 배려한다는 것은 기본적으로 그 사람을 기쁘게 하려는 마음에서 시작됩니다. 그러므로 상대방에게 무엇이 필요할지 생각해 보고, 긍정적인 태도로 공손하게 표현해 주어야 합니다.

셋째, 어려움 속에서도 불평하지 않고 즐거운 마음을 유지하는 기쁨의 태도가 필요합니다. 기쁨은 '어려운 상황이나 형편 속에서도 불평하지 않고 즐거운 마음을 유지하는 태도'(좋은나무성품학교 정의)입니다. 다른 사람을 돕는 일은 기쁘다는 가치관을 아이의 마음속에 심어주어야 합니다. 내가 조금 손해를 봐도 어려운 사람을 도울 수 있어 기쁘다는 태도에서부터 배려가 시작됩니다.

넷째, 다른 사람을 위해 생각한 것을 기쁘게 행동으로 옮겨야 합니다. 저 사람을 위해 이렇게 하면 좋겠다고 생각만 하고 행동으로 옮기지 않으면 아무 소용이 없습니다. 진정한 배려는 생각을 실천하는 것입니다. 소리 나지 않는 종은 종이 아니듯, 행동이 없는 사랑은 사랑이 아님을 항상 기억해야 합니다.

사람들이 어떤 행동을 계속 할지 말지는 그 행동에 따른 보상에 따라 결정됩니다. 특히 어린 자녀들에게는 보상이 주어질 때 행동의 강화가 일어납니다. 그러므로 자녀가 배려의 성품을 가지도록 하기 위해서는 그 행동에 대한 보상을 미리 알려주면 효과적입니다.

배려의 유익

배려를 하면 첫째, 관찰력이 좋아집니다. 그 사람이 어떤 상황에 처했는지, 무엇이 필요한지 살피면서 다른 사람뿐 아니라 주변 환경에 대한 세심한 관찰력을 얻을 수 있습니다.

둘째, 자신감이 생깁니다. 다른 사람을 도울 수 있다는 자신감은 자녀의 내적인 효능감을 강화시켜줍니다. 다른 사람을 배려함으로써 내가 가진 좋은 점을 알게 되고, 그런 자신을 사랑하게 되면서 마음속에서부터 '난 무엇이든지 할 수 있다'는 자신감을 얻을 수 있습니다. 자신이 어떻게 해야 할지 모르는 환경에 있을 때 아이들은 불안해 합니다. 그러나 배려를 연습하는 아이들은 어느 곳에서나 자신이 무엇을, 어떻게 해야 할지 관찰함으로써 자신의 행동을 자신 있게 선택할 수 있습니다. 이런 모습이 다른 사람에게는 지도자의 모습으로 보입니다.

셋째, 좋은 친구가 많이 생깁니다. 다른 사람을 먼저 배려해 주면 나 자신이 손해를 볼 것 같지만 절대 그렇지 않습니다. 배려하는 사람 곁에는 자연스럽게 많은 사람이 모입니다.

그 밖에도 부모가 생각하는 배려의 유익함이 많을 것입니다. 자녀들과 허심탄회하게 이야기해 보세요. 부모들이 저지르기 쉬운 큰 실수는 자꾸 가르치려고만 하는 것입니다. 편안함과 친밀감이 있는 일상생활에서 자녀들과 생각을 나누는 시간이 더 효과적인 가르침의 시간이 됩니다.

2) 배려의 천사, 나이팅게일

플로렌스 나이팅게일은 영국인이지만 이탈리아의 플로렌스 지방에서 태어났습니다. 부모님이 이탈리아 여행을 하던 중에 세상에 나온 것입니다. 그래서 이름도 태어난 곳의 지명을 따 플로렌스로 지었다고 합니다. 부유한 환경에서 자란 플로렌스는 아버지에게서 그리스어, 라틴어 등의 외국어와 역사, 철학, 수학을 배웠습니다. 당시에 여성이 교육을 받는 일은 흔하지 않았지만 플로렌스는 좋은 교육을 받고 자라면서 뛰어난 통찰력, 옳고 그름을 판단하는 능력을 기를 수 있었습니다.

플로렌스는 열일곱 살 때 자신의 사명을 일러주는 하나님의 목소리를 들었습니다. 당시에는 그 사명이 무엇인지 구체적으로 알 수 없었지만 꾸준히 공부하면서 그것을 찾기 위한 노력을 게을리 하지 않았습니다. 스물여섯 살이 되었을 때 플로렌스는 간호사가 되기로 결심했습니다. 당시에 간호사라는 직업은 좋은 가정에서 자란 여자들은 할 수 없다고 생각할 정도로 무시되었지만 그녀는 병으로 아파하는 사람들을 성심껏 돕는 일이 하나님의 말씀을 실천하는 길이라는 신념을 굽히지 않았습니다. 가족의 반대가 심했지만 독일에서 간호사 교육을 받은 그녀는 서른 살에 정식 간호사가 될 수 있었습니다.

1854년 크림전쟁이 시작되자 부상당한 영국군이 겪는 비참한 상황을 알게 된 플로렌스는 동료 간호사들과 함께 터키의 한 야전병원으로 달려갔습니다. 환자들이 지저분한 환경에서 힘들게 치료받는 모습을 보면서 그녀는 환자를 최우선으로 배려해 치료해 주는 환경으로 개선하기 시작했습니다. 아무 곳에나 버려져 있던 오물을 깨끗하게 처리해 위생을 청결히 하고 의사를 돕는 간호사의 역할을 명확히 해 진료 능률을 높이는 등의 노력으로 많은 환자들을 죽음에서 살릴 수 있었습니다. 또 한밤중에도 등불을 들고 환자를 돌봐 '백의의 천사', '등불을 든 여인' 이라는 별명을 갖게 되었습니다.

전쟁 후 영국으로 돌아온 플로렌스는 자신을 반기는 사람들의 환대를 뒤로하고 병원의 개혁을 위해 노력해 빅토리아 여왕의 동의를 얻어 군대 보건에 관한 왕립위원회를 결성하고, 세계 최초로 간호사를 양성하는 간호학교를 설립할 수 있었습니다.

이렇듯, 자신의 편안함을 생각하기보다 어려움을 겪는 사람들을 위해 자신을 훈련하고 도움이 필요한 곳에 사랑과 관심을 가지고 찾아간 플로렌스 나이팅게일의 모습에서 우리는 참된 배려의 모습을 볼 수 있습니다.

3) 배려하는 태도 연습

배려의 성품은 다음과 같이 키워줄 수 있습니다.

① 나 자신을 배려해요.

우선 나 자신을 배려하는 것부터 가르쳐야 합니다. 배려를 받아본 사람이 다른 사람을 배려할 수 있습니다. 나 자신을 배려하는 방법, 다른 사람을 배려하는 방법, 그리고 환경을 배려하는 방법으로 확장해 나가도록 가르칩니다. 짜증내지 말고 욕구를 말로 잘 표현하라고 가르치세요.

내 마음을 잘 표현하는 것이 나를 배려하는 길입니다. 나를 건강하고 예쁘게 꾸미고 가꾸는 것이 나를 위한 배려입니다. 비올 때 우산을 쓰고 다니는 것도 나를 위한 배려입니다. 내가 행복해야 다른 사람을 행복하게 해줄 수 있습니다.

② 나의 몸을 배려해요.

나는 귀한 사람이므로 내 몸을 배려하는 방법을 아는 것이 중요합니다. 나를 배려하는 방법을 아는 사람이 다른 사람을 배려하는 방법을 쉽게 이해할 수 있습니다. 내 몸의 소중함을 알고 몸가짐을 자신 있게 할 수 있도록 가르치면 자기 존중심이 높아져 독립심을 가집니다.

나의 몸을 배려하는 구체적인 방법으로 자주 목욕하기, 머리 예쁘게 손질하기, 옷을 잘 어울리게 입기, 계절에 맞는 옷 입기, 건강을 위해 음식 가리지 않기, 그리고 나 자신의 장점을 알고 나를 적절하게 알리기 등이 있습니다. 나 자신을 사랑하고 자랑스럽게 생각하는 태도가 바로 나 자신에 대한 배려입니다.

③ 다른 사람을 배려해요.

나에 대한 배려 다음에는 다른 사람에 대한 배려를 가르칩니다. 나의 소중한 가족이나 친구, 이웃들과 어떤 식으로 관계를 맺고 어떻게 배려하며 살아갈 수 있는지 구체적으로 알려줍니다.

다른 사람을 잘 배려하기 위해서는 그 사람에 대한 사랑과 관심이 있어야 합니다. 그래서 그 사람을 잘 관찰하는 자세가 필요합니다. 그리고 관찰한 결과에 다라 적절한 도움이나 격려, 칭찬 등 긍정적인 태도로 보살펴 주는 행동으로 이어져야 합니다. 다른 사람을 잘 배려하는 사람이 되기 위해서는 입장을 바꾸어 생각해 보는 배려의 법칙을 잘 활용하면 효과적입니다. 제가 만든 배려의 법칙을 소개합니다.

"내가 만약 ……라면, ……해 주면 ……하겠지?"

예를 들어 준비물을 못 가져와 당황스러워하는 짝꿍을 보았을 때 "내가 만약 짝꿍이라면 준비물을 함께 나눠 쓰면 당황하지 않고 좋아하겠지?"라고 생각해 봅니다.

성품을 구체적으로 훈련하고 가르치는 장소는 가정이 되어야 합니다. 가족을 배려하는 특별한 날을 정해 가족 이벤트를 준비하는 것도 좋은 방법입니다. '우리 가족 배려의 날'을 정하고 가족 구성원 중 한 명을 정해 사랑과 관심을 갖고 잘 관찰해 그 사람이 가장 필요로 하는 것이 무엇이며, 그 사람을 잘 보살피는 방법에는 어떤 것이 있는지 생각해 보고 다른 가족들이 그대로 실천해 봅니다.

④ 환경을 배려해요.

내가 살고 있는 세상을 배려하는 사람이 진정으로 배려할 줄 아는 사람입니다. 나와 다른 사람을 배려하는 사람은 환경을 배려하는 마음도 갖고 있습니다. 내가 소중하면 다른 사람도 소중하고 환경 역시 소중하다는 것을 알기 때문입니다.

환경을 배려한다는 것은 내가 속한 곳의 규칙을 지키는 것이며, 나의 방을 깨끗하게 치우고, 환경을 보존하려는 마음을 갖는 것입니다. 쓰레기를 줄이는 운동에 참여하고, 동네를 깨끗이 청소하고, 교통규칙을 지키고, 학교의 규칙을 준수하며, 환경오염으로부터 산과 바다, 하늘의 아름다움을 지키려 노력하는 마음이 바로 환경에 대한 배려입니다. 앞으로 우리 자녀들은 오염된 환경에서 살아야 할 것입니다. 우리가 배려하지 못해 오염시킨 여러 가지 환경 문제가 자녀들의 삶을 압박할 것입니다. 따라서 자연과 자신의 주변을 배려하고 친화하며 살 수 있는 능력을 키워주는 것이 이 시대 교육의 마지막 과업이라고 생각합니다.

4) 배려의 성품으로 변화하는 아이들

성품사례 | **꽃과 풀도 배려해요** (전라남도 광주의 어린이집 교사, 김은진)

배려 성품을 가르치기 시작한 지 얼마 되지 않을 무렵 여느 때처럼 아이들과 함께 근처의 들판으로 산책을 나갔습니다. 곳곳에 이름 모를 들꽃과 풀이 지천으로 널려 있었고, 그런 자연을 보고 있노라면 잠시나마 삶의 여유가 느껴졌습니다.

제가 앞장서서 아이들을 인솔하고 가는데 갑자기 아이들이 재잘거리는 소리가 작아지더니 점점 멀어졌습니다. 이상한 생각에 뒤를 돌아보니 아이들이 오지 않고 말다툼을 하는 것처럼 보였습니다. 왜 따라오지 않느냐고 묻자 두 줄 기차로 따라오던 아이들 중 맨 앞줄 친구들이 갑자기 멈추어 섰다고 했습니다. 제가 의아한 눈으로 쳐다보자 맨 앞에 있던 주은이가 "선생님! 이름 없는 꽃들이지만 배려해야 해요!"라고 말했습니다. "그게 무슨 말이니?"라고 물으니 "배려란 '나와 다른 사람 그리고 환경에 대하여 사랑과 관심을 갖고 잘 관찰하여 보살펴 주는 것'(좋은나무성품학교 정의)이잖아요. 이름 없는 꽃과 풀이지만 밟고 가는 것은 환경을 배려하는 것이 아니잖아요"라고 하는 것 아니겠어요? 전 이미 이름 모를 꽃과 풀들을 밟고 이만큼 와버렸는데 부끄러운 생각이 들었습니다. 그래서 아이들에게 사과했습니다.

"어머, 애들아 미안해. 선생님은 아직 환경을 배려할 생각을 못했어. 그럼 어떻게 할까?"

아이들은 동시에 "선생님, 우리 저쪽으로 돌아서 가요" 하고 대답했습니다. 왜 자기들을 배려해 주지 않느냐며 투정 부리고, 산책을 하면 예쁜 꽃들을 꺾기 바빴던 아이들인데 언제 이렇게 환경까지 배려하는 마음이 생겼는지 기특한 생각에 가슴이 벅찼습니다. 저와 아이들은 발밑의 이름 모를 꽃과 풀을 밟지 않고 배려하겠다는 일념 하나로 30분이면 될 산책을 1시간 20분이나 걸려 마칠 수 있었습니다. 하지만 기분만큼은 상쾌하고 즐거웠습니다.

성품사례 | 초등학교에서도 성품을 연습해요 (경기도 수원의 편도빈 어린이)

안녕하세요? 저는 나곡초등학교 1학년 편도빈입니다. 저는 좋은나무성품학교 밀알유치원에서 배려하는 법을 배웠습니다. 초등학교에서도 내가 먼저 배려를 해봐야겠다고 생각했습니다. 관심을 갖고 잘 관찰하는 일은 정말 어렵습니다. 엄마와 저는 학교 준비물을 여러 개 챙겼습니다. 플라스틱 컵을 2개 가져오라고 하면 10개를 가져가서 안 가져온 친구에게 나눠주었습니다. 심한 말로 놀리는 친구가 있으면 그만하라고 친구를 보호해 주었습니다. 그런 말을 하자 제가 자랑스러웠습니다. 그래서 집에 오자마자 엄마에게 자랑했습니다. 가끔은 싸우지만 지금은 우리 반 친구들과 모두 사이좋게 지냅니다.

또 1학년이 되자 유치원 때와 달리 공부할 것도 많아졌습니다. 학교 선생님은 유치원 선생님보다 조금 더 엄합니다. 수학 시간에 하는 '똑같은 반쪽 따라 그리기'는 정말 복잡해서 하기 힘들었습니다. 그런데 공부할 때도 잘 인내하는 일이 필요했습니다. 한 시간 내내 그리면 알레르기 때문에 눈도 가렵고 팔도 아프고 계속하기 싫을 만큼 어려울 때도 있지만 불평하지 않고 참고 하면 선생님께서 '검'자를 써주십니다. 그러면 정말 기쁩니다. 그리고 동생이 제 물건을 망가뜨리거나 화가 날 때 그 생각을 하면 긍정적인 생각이 듭니다. 앞으로도 좋은나무성품학교에서 배운 성품들이 많이 생각나면 좋겠습니다. 더 지혜로운 사람이 되고 싶습니다.

무책임한 아이,
책임감 있는 아이로 바꾸는
성품대화

"오늘 숙제가 뭐니?" "몰라요." "너는 무슨 교구를 선택해서 할래?" "몰라요." "너 시험 날짜가 언제지?" "몰라요."

요즘 많은 아이들의 문제가 자신이 스스로 알아서 해야 할 일들이 무엇인지 모른다는 것입니다. 이는 아이들의 일거수일투족을 책임지고 관리해 주는 '슈퍼 맘'이 있기 때문인데, 전문 매니저인 엄마가 모두 다 결정하고 관리해 주기 때문에 정작 자신은 무엇을 선택해야 할지 잘 모르는 것입니다. 계속 이렇게 성장하다가는 자신의 진학은 물론 결혼 상대까지 부모가 선택해 주는 대로 결혼하게 될지도 모릅니다. 보통 이런 아이들은 자신의 일에 책임을 지려 하지 않는 경향이 있지요.

이렇게 무책임하게 "몰라요."라는 말만 외치는 아이들에게는 책임감이라는 성품을 가르쳐야 합니다. 그래야 자신의 인생을 계획하고 성공으로 이끌어갈 수 있습니다.

1) 책임감의 필요성

책임감(Responsibility)이란 '내가 해야 할 일들이 무엇인지 알고 끝까지 맡아서 잘 수행하는 태도'(좋은나무성품학교 정의)입니다. 책임을 잘 감당하기 위해서는 다른 사람이 내게 무엇을 기대하는지 정확히 알아야 합니다. 그리고 내가 해야 하는 일에 올바르게 부응해 행동할 수 있어야 합니다.

임마누엘 칸트는 "인격이란 책임 능력이다"라고 말했습니다. 인격이 성공하는 사람에게 필수적인 원동력이라면 책임감은 그 인격을 만드는 근본입니다. 또 토마스 리코나는 책임에 대해 "책임은 자기와 다른 사람을 돌보는 것을 포함해 맡은 바 본분을 바르게 수행하고 공동체에 헌신하고 고통을 줄이며 더 나은 세상을 만들게 하는 원동력이다"라고 말했습니다.

책임감 있는 아이로 키우기 위해서는 어려서부터 책임이 무엇인지 가르쳐 주어야 합니다. 성품을 가르침에 있어 날마다 부모가 주제성품에 대해 이야기해 주면서 모범을 보이는 일상의 삶이야말로 가장 영향력 있는 가르침이 됩니다. 또한 책임에 대해 올바르게 가르치기 위해서는 자녀에게 '분별력'이라는 도덕적인 정서를 가르쳐 주는 일이 중요합니다.

분별력이란 '인간의 기본적인 양심을 기초로 하여 선악을 구별하는 능력으로, 올바른 생활과 건강한 시민정신, 도덕적인 행동을 위한 토대가 되는 덕목'(이영숙, 2005)입니다. 부모와 교사는 자녀가 어려서부터 옳고 그름을 배우도록 도와 선에 반대하는 힘에 대항하는 확고한 분별력을 세워주어야 합니다. 그래야 유혹받는 환경에서도 올바르게 행동할 수 있고 아이의 내면에 있는 양심의 기능 또한 강화될 것입니다.

성품은 가르침으로 학습되는 것입니다. 자녀를 올바른 분별력을 갖고 자신이 마땅히 해야 할 일들을 잘 선택해 수행하는 책임감 있는 성품 리더로 양육하기 위해서는 가정과 학교에서의 일상적인 말, 부모와 교사의 일관성 있는 모범을 통해 지속적으로 훈련해야 합니다.

2) 12년간 미국을 책임진 대통령, 루스벨트

루스벨트 대통령은 뉴욕에서 태어나 하버드대학 법대를 졸업하고 변호사로 활동했습니다. 그는 청년 시절 다른 변호사들이 꺼리는 빈민을 무료로 상담해 주거나 약자의 편에 섰습니다. 정치인이 된 후에는 어렸을 때부터 바라던 대통령이 되겠다는 꿈을 이루기 위해 다양한 경험을 쌓았습니다. 그러던 어느 날 루스벨트는 갑자기 소아마비에 걸려 왼쪽 다리가 완전히 마비되었습니다. 하지만 좌절과 실망에 빠지지 않고 재활 치료에 전념해 7년 후인 1928년 뉴욕 주지사에 당선되었습니다. 그리고 미국의 32대 대통령에 당선돼 백악관에서 새로운 삶을 시작했습니다.

루스벨트 대통령의 공식 업무가 시작된 3월, 미국은 1929년 시작된 경제 대공황으로 경제가 어려웠습니다. 은행이 줄줄이 파산하고, 노동인구의 1/4이 소득이 없는 실업자였습니다. 미국은 몰락하는 듯 보였습니다. 루스벨트는 전직 대통령이나 정부의 잘못을 들추며 그들에게 모든 책임을 떠넘길 수도 있었지만 그는 미국의 대통령으로서 미국을 다시 일으키리라는 목표를 세웠습니다. 그리고 바로 그것이 자신이 대통령으로서 해야 할 책임이라고 선포했습니다.

여러 법안이 만들어지고 뉴딜 정책이 시행되면서 미국은 새로운 시대를 맞았습니다. 루스벨트는 새로운 일자리를 만들어 경제적으로 어려운 사람들을 보살피기 시작했습니다. 사회적 약자를 보호하는 일이 국가의 책임임을 새롭게 부각시켰습니다. 이전에 미국이 가졌던 '개인의 복지는 스스로 책임져야 한다'는 생각을 버리고 가난은 사회가 책임져야 할 부분임을 인정한 것입니다.

물론 당시의 많은 기업과 부유층은 루스벨트의 새로운 정책에 강하게 반대했습니다. 하지만 그는 타협하지 않았습니다. 이러한 루스벨트의 확고한 신념과 개혁을 향한 의지는 혼란스러워하는 국민들에게 믿음을 주기에 충분했습니다. 모든 국민이 루스벨트와 정부의 열렬한 지지자가 되었습니다. 62세에 네 번째로 대통령 자리에 오르기까지 루스벨트는 대통령으로서 자신이 해야 할 일들이 무엇인지 알고 끝까지 맡아 잘 수행함으로써 미국을 새롭게 만들었습니다.

책임감이란 바로 루스벨트 대통령처럼 자신이 무엇을 해야 하는지 스스로 알고 자기 본분을 다하는 것에서부터 시작됩니다.

3) 책임감의 태도 연습

책임감의 성품은 이렇게 가르치세요.

① 내가 해야 할 일들이 무엇인지 알고 최선을 다합니다.

책임감은 여기에서부터 시작합니다. "네가 학생으로서 먼저 해야 할 일들이 무엇이라고 생각하니?", "네가 아들로서 해야 할 일이 무엇이라고 생각하니?"하고 물어보세요. 평소에 자신이 무엇을 해야 하는지 잘 알고 그 일을 하는 것이 책임감이라고 가르쳐 주세요.

② 내가 시작한 일을 끝까지 완성합니다.

자녀에게 책임감의 성품을 가르치기 위해서는 먼저 스스로 선택할 수 있어야 합니다. 어릴 때부터 놀이를 스스로 선택하게 하고 선택한 놀이를 마무리 짓는 습관을 갖게 하는 것이 중요합니다. 작은 것부터 완성하는 성취감을 자녀에게 경험시키면 자신의 인생을 책임질 줄 아는 사람이 됩니다. 자신이 흥미를 갖는 일을 선택해 보는 경험은 책임감을 기르는 데 중요합니다. 요즈음에는 자녀의 학습 계획을 부모들이 세우고 자녀는 그저 허수아비처럼 부모의 선택을 따르는 경향이 있습니다. 이렇게 자라는 아이들은 학습에도 흥미를 느끼지 못하고 금방 싫증을 내며 쉽게 포기합니다. 자신이 선택하지 않은 것은 책임지려고 하지 않는 것이 사람의 심리이기 때문입니다.

③ 내가 하겠다고 약속한 것은 꼭 지킵니다.

자신이 약속한 대로 이행하는 것이 책임감입니다. 이때 부모가 먼저 자녀에게 약속한 것을 쉽게 잊어버리는 실수를 하지 말아야 합니다. 약속을 꼭 지키는 부모 밑에서 자란 아이가 자신의 약속을 잘 지키는 사람이 됩니다.

④ 내가 잘못한 것은 변명하지 않습니다.

자신의 잘못을 그대로 인정할 줄 아는 사람이 책임감 있는 성품 리더가 될 수 있습니다. 변명하고 비판하고, 고자질하는 습관이 들지 않도록 지도하는 일이 중요합니다.

⑤ 내게 있는 장점을 개발합니다.

자신에게 있는 장점을 발견하고 그것을 최대한으로 키워내는 것이 바로 나를 위한 책임감입니다. 성품은 멀리 있지 않습니다. 나를 위하고 나를 책임지는 것부터 가르치면 됩니다. 내 안의 장점을 개발해 능력을 최대한으로 발전시키려는 노력이 바로 책임감 있는 성품이라고 말해 주세요.

책임감을 키우는 방법

- 일상에서 책임감을 주제로 많은 대화를 나눕니다.
- 책임감과 관련된 신문 기사를 읽거나 뉴스를 시청하면서 토론하는 시간을 가집니다.
- 책임감과 관련된 말과 행동을 가르칩니다.
- 책임감에 대한 역할극을 해봅니다.(정해진 시간에 집에 귀가하는 모습, 남의 것을 베끼지 않고 직접 숙제하는 모습, 자신의 잘못을 변명하지 않고 시인하는 모습, 한 번 시작한 일을 끝까지 해내는 모습 등)
- 아이가 책임감을 실천할 기회를 찾아 함께 이야기합니다.("오늘은 어떤 책임감 있는 일을 했니?", "오늘 책임감 있게 너를 대해준 사람이 있니? 그때 기분이 어땠니?" 등)
- 책임감 있는 행동을 했을 때 놓치지 말고 칭찬하세요.("학교에 늦지 않으려고 알람을 맞춰놓았구나. 정말 책임감 있는 행동이다"와 같은 구체적인 격려)

4) 책임감 있는 부모가 되는 대화의 기초 공부

부모가 자신의 영역에서 열심히 일하는 모습을 보여주기만 해도 자녀들에게는 훌륭한 책임감의 모범이 됩니다. 일하는 어머니들도 공연히 자신이 부모로서의 책임을 다하지 못한다는 죄책감을 가질 필요가 없습니다. 오히려 당당하게 자신이 선택한 일을 책임지는 모습을 보여줄 수 있는 좋은 기회가 됩니다.

자녀 문제도, 부모 문제도 아닌 영역에서 부모는 어떤 일을 해야 할까요? 앞에서 잠깐 언급했던 것처럼, 이럴 때는 자녀를 마음껏 칭찬하고 격려해 주어야 합니다. 자녀의 말과 행동에 고개를 끄덕여주고 인정해 주어야 합니다. 또한 문제가 될 만한 환경을 바꿔주어야 합니다. 이를 '환경의 재구성'이라고 합니다. 이는 자녀가 수용할 수 없는 행동을 제거하는 것입니다. 다시 말하면 자녀가 문제행동을 하기 전에 부모가 그 환경을 조정해 주는 것입니다. 또한 문제를 일으킬 소지가 있는 자녀의 행동을 방지하거나 최소화하는 것입니다. 환경을 재구성하기 위한 것으로는 4가지 방법이 있습니다.

첫째, 더하기입니다. 말 그대로 환경을 더해 좀 더 풍요로운 환경을 제공하는 것입니다. 자녀들이 집에 있지 않고 자꾸 밖으로 나가는 것은 집에서 재미가 없기 때문입니다. 따라서 자녀가 재미있어하는 것을 더해 주면 됩니다. 놀이 영역을 새로 만들어 주는 등 자녀들을 밖으로 유인하는 요소를 안으로 끌어들이는 것입니다

둘째, 빼기입니다. 이것은 덜어주는 방식으로 축소하거나 제한하는 것입니다. 가령 자녀 방에 장난감이 있는데, 엄마가 늘 정리하라고 말해도 자녀는 제대로 정리하지 못합니다. 왜 그럴까 살펴보니 장난감이 너무 많습니다. 엄마가 정리하려 해도 엄두가 안 날 정도인데, 자녀는 오죽했을까요. 이런 경우에는 오래된 장난감들을 박스에 넣고 아이가 흥미를 느끼는 것만 내주면 됩니다.

셋째, 바꾸기입니다. 환경을 바꿔주는 방식으로 자녀의 환경을 단

순화하고, 체계화하며, 재배열하는 것입니다. 아침마다 자녀가 "엄마, 옷 줘. 엄마, 가방"하면서 엄마를 귀찮게 합니다. 엄마도 바쁜데, 자녀의 요구를 들어주느라 정신이 없습니다. 이럴 때는 환경을 재구성해야 합니다. 자녀들의 물건을 각자의 방에다 큰아이, 작은아이 구분해서 넣어주고 자기 물건을 스스로 챙기게 합니다. 그리고 각각의 물건이 어디에 있는지 정확히 알려주고, 필요한 것은 스스로 챙기라고 말하면 됩니다. 엄마는 옷가지나 물건을 지정된 장소에 넣어주는 역할만 하면 됩니다.

자녀가 밤마다 무섭다고 엄마와 아빠가 자는 방으로 들어옵니다. 무서운 이유를 알아보니 방이 너무 깜깜해서였습니다. 그래서 자녀 방에 밤에도 켤 수 있는 희미한 전등을 달아주었더니 그 다음 날부터 자기 방에서 잤다고 합니다.

넷째, 계획하기입니다. 환경을 미리 계획하는 방식으로 시간표를 작성하고 정보를 교환하는 것입니다. 자녀에게도 생활 패턴이 있습니다. 자녀가 자기 패턴을 지켜나갈 때 안정감을 갖고 더불어 학습 능률도 오릅니다. 반면 오늘은 이랬다 내일은 저랬다 하면 굉장한 스트레스를 받게 됩니다.

주간 일정을 정리해 주면 자녀는 스스로 계획을 세웁니다. 가령 자녀가 학교에서 집으로 돌아오는 대로 함께 친정에 갈 계획을 세웠다면, 부모는 그에 대한 정보를 미리 주어야 합니다. 그러면 자녀는 외할머니 집에 갈 계획을 미리 머릿속에 그립니다. 그래서 학교 친구가 자기 집에 가서 놀자고 해도 외할머니 집에 가야 한다고 거절합니다.

그런데 만약 부모가 사전에 정보를 주지 않으면 문제가 발생할 수 있습니다. 자녀는 친구를 집에 데려왔는데 부모는 친척 집에 간다고 다음에 놀라고 합니다. 이렇게 되면 자녀는 화가 나서 안 간다고 떼를 쓰게 됩니다. 미리 막을 수도 있었는데 괜한 충돌이 일어나는 것입니다.

자녀와 계획을 세우기 위한 좋은 방법이 있습니다. 엄마와 자녀가 함께 볼 수 있는 달력에다 미리 그 달의 주요 계획들을 적어놓는 것입니다. 생일, 챙겨야 할 것들, 큰집 가는 날, 서울 가는 날, 병원 가는 날 등 자녀들이 글씨를 알든 모르든 적어놓습니다. 그럼 자녀가 달력에 표시된 날은 뭐하는 날이냐고 물어봅니다. 이렇게 자녀가 미리 마음으로 준비하면 정해진 날에 계획한 것을 할 수 있는 독립심과 적응력이 생깁니다.

책임감은 무조건 자기 일을 잘 끝맺는다는 것이 아닙니다. 자신이 해야 할 일들이 무엇인지 잘 분별하는 것에서부터 시작되어야 합니다.

5) 책임감의 성품으로 변화하는 아이들

성품사례 | 교실 정리를 함께 했어요 (서울의 해오름 공부방 교사)

저는 방과 후 교실에서 일주일에 한 번 아이들에게 독서 논술을 가르치는 교사입니다. 요즘 초등학생은 참 바쁩니다. 항상 그날그날의 스케줄이 있어서 늘 놀 시간이 부족하다고 이야기합니다. 그래서인지

틈만 나면 놀려 하는 아이들이 때로는 안쓰러워서 제가 한두 번 수업 후 교실 정리를 해 주었습니다.

그런데 그것이 저의 실수였음을 얼마 지나지 않아 깨달았습니다. 어느새 수업이 끝난 후 교실 정리는 당연히 선생님 몫이 되어버렸기 때문입니다. 으레 수업이 끝나면 아이들은 정리를 하지 않고 서둘러 교실을 빠져나가고, 심지어 교실을 정리하고 가라면 바쁘다고, 시간이 없다고 하면서 한 아이가 나가면 우르르 따라 나갔습니다. 그래서 저는 아이들에게 책임감을 가르치기로 결심했습니다. 책임감의 정의를 이야기해 주고 아이들이 해야 할 책임에 대해, 교실 정리에 대해 설명해 주었습니다. 그 다음 주도 아이들은 수업이 끝난 후 그냥 나가려 했습니다. 저는 지난주에 알려준 책임감에 대해, 교실 정리를 해야 하는 학생들의 책임감에 대해 다소 힘있게 이야기했습니다.

"가고 싶겠지만 지금 너희들이 할 일은 교실 정리야. 혼자 하면 오래 걸리지만 여섯 명이 하면 금방 할 수 있어. 다 정리하고 가야 해."

그러고는 아이들 각자의 이름을 부르고 해야 할 일을 말해 주었습니다. 아이들은 슬금슬금 움직이기 시작했고 교실은 금세 깨끗해졌습니다. 아이들에게 꼭 필요한 책임감의 성품을 가르치는 순간이었습니다. 저는 아이들이 책임감 있게 정리한 모습을 칭찬하며 칭찬 스티커를 붙여주었습니다. 아이들 얼굴에도 웃음이 번졌습니다.

폭발하는 아이, 절제하는 아이로 바꾸는 성품대화

얼마 전 어느 일간지에서 엄마를 때리는 아이들이 늘어나 사회적인 문제가 된다는 기사를 본 적이 있습니다. 가정에서 너무나 귀하게 키운 나머지 절제하는 성품을 배우지 못해 폭발하고 마는 아이들이 늘어나는 추세인 것입니다. 이런 아이들은 늘 받아들여지던 자신의 욕구가 해소되지 않으면 심한 배신감을 느껴 분노나 울음, 공격적인 성향 등으로 표출하는 것이 습관화되었습니다.

채워지지 않는 만족감은 자기 자신에 대한 부정적인 마음으로 자리 잡고 패배감과 실패감을 느끼게 해 자아 존중감이 낮은 아이로 자라게 만듭니다. 절제하지 못하는 성품은 아이의 학업이나 대인 관계에도 영향을 끼칩니다. 어른이 되어서는 사치나 허영에 빠지기도 하고, 남의 물건을 탐하고 부정한 방법으로 빼앗기도 하며 심하면 사람을 다치게 하기도 합니다.

그러면 이렇게 욕심이 나거나 마음을 주체하지 못할 때 갑작스레 화가 폭발하고 절제하지 못하는 아이를 어떻게 해야 할까요? 어떻게 하면 폭발하지 않고 스스로 자신을 사랑하고 돌보며, 필요에 따라 시간을 조절하고 우선순위를 정해 행동할 줄 아는, 건강한 자아상을 가진 어른으로 자라게 할 수 있을까요? 바로 절제하는 성품을 가르쳐야 합니다. 절제(Self-control)란 '내가 하고 싶은 대로 하지 않고 꼭 해야 하는 일을 하는 것'(좋은나무성품학교 정의)입니다.

1) 절제의 필요성

1960년 스탠포드대학의 심리학 교수인 월터 미셸은 네 살짜리 아이들을 대상으로 그 유명한 마시멜로 검사를 실시했습니다. 아이들에게 마시멜로를 보여주며 자신이 돌아올 때까지 그것을 안 먹고 참는 사람에게 더 많이 주겠다고 약속하고 나간 것입니다. 연구원은 창문으로 이들을 지켜보면서 먹지 않고 끝까지 참은 그룹과 바로 먹어버린 그룹을 분리해 추적 연구를 실시했습니다.

그 결과는 놀라웠습니다. 참고 기다린 그룹의 아이들이 그러지 않은 그룹의 아이들보다 사회적으로 더 유능한 사람이 되고, 좌절되는 상황에서 자신감을 갖고 더 잘 대처했습니다. 이런 연구 결과는 아이들이 충동을 다루고 자제하는 능력이 성공하는 데 얼마나 필요한 자질인지 보여주었습니다. 절제의 성품을 지닌 아이들은 좀 더 안전하고 현명한 선택을 할 수 있고 파괴적인 충동을 억제하는 힘이 더 강한 것이었습니다.

2) 감정을 절제한 대통령, 에이브러햄 링컨

에이브러햄 링컨 대통령의 아버지는 구두를 만드는 제화공이었습니다. 링컨이 미국의 16대 대통령으로 당선되었을 때, 의원들은 신분이 낮은 제화공의 아들이 대통령에 당선된 것이 못마땅했습니다. 그래서 링컨의 약점을 찾아 헐뜯기에 혈안이 되어 있었습니다. 그러던 어느 날 링컨이 취임 연설을 하기 위해 의회에 도착했을 때 한 의원이 링컨을 향해 빈정거리며 말했습니다.

"링컨, 당신의 아버지는 한 때 내 구두를 만들었소. 물론 이 곳에 있는 상당수 의원들의 구두도 당신의 아버지가 만들었소. 그런 천한 신분으로 대통령에 당선된 사람은 아마 당신밖에 없을 것이오!"

여기저기서 킥킥거리는 웃음소리가 새나왔지만 링컨은 불쾌한 감정을 나타내지 않고 한참 눈을 감은 채 서 있었습니다. 잠시 후 눈을 뜬 링컨의 눈에는 눈물이 가득 고여 있었습니다. 링컨이 조심스럽게 입을 열고 말했습니다.

"의원님, 취임 연설 전에 아버지의 얼굴을 기억나게 해 주셔서 감사합니다. 말씀하신 대로 제 아버지는 구두 장인이었습니다. 혹시 아버지가 만든 구두에 문제가 생기면 즉시 저에게 말씀해 주십시오. 제가 잘 수선해 드리겠습니다. 물론 돌아가신 아버지의 실력과는 비교할 수 없겠지만요……."

링컨의 말을 들은 그 의원은 아무 말도 하지 못하고 고개를 숙였다고 합니다. 이렇듯 절제란 내가 하고 싶은 대로 나의 감정을 표현하지 않고 링컨 대통령처럼 꼭 해야 할 말이 무엇인지 생각하고 선택하는 것입니다. 내 감정을 절제하고 적절하게 표현할 수 있는 좋은 성품을 만들어가는 사람이 큰일을 이룰 수 있습니다.

절제의 성품을 키워주기 위해서는 먼저 부모와 교사가 모범을 보여야 합니다. 일상생활에서 자녀들은 부모와 교사의 행동 양식을 지켜보며 몸에 익힙니다. 늘 부모와 교사를 지켜보면서 자신이 세상을 살아가는 데 필요한 태도를 모방하는 것입니다.

3) 절제하는 태도 연습

첫째, 자녀에게 절제가 무엇인지 정확한 정의와 가치를 먼저 가르쳐 주세요. 절제란 '내가 하고 싶은 대로 하지 않고 꼭 해야 할 일을 하는 것'(좋은나무성품학교 정의)이라고 매일 가르치십시오. 그리고 일상생활에서 절제의 성품이 어떤 때 필요한지 아이들의 시각으로 함께 이야기해 봅시다. 숙제하기 전에 친구 집에 가서 놀고 싶은 마음, 자야 할 시간인데 TV를 보고 싶은 마음, 화나게 만드는 동생을 때리고 싶은 마음, 자신을 모욕한 사람에게 복수하고 싶은 마음이 들 때 바로 절제의 성품이 필요하다고 알려줍니다.

둘째, 좋은 격언들을 모아 자녀의 마음에 새겨주세요. 절제력과 관계된 좋은 인용구들을 모아 자녀가 절제의 성품을 위한 좌우명으로 삼게 해 주세요. 위인들이 말한 짧지만 통찰력 있는 명언들은 자녀들의 가슴에 쉽게 영감을 불러일으킵니다.

"인류가 갖고 있는 좋은 점 가운데 대부분은 인내력, 참을성, 절제력의 범주에서 찾을 수 있다." – 아서 헬프스

"개인에게 있어 유일하고 진정한 자유는 자아를 지배하는 것이다."

– 프레드릭 페데스

"절제는 모든 시련에 저항하고 있다는 증거다." – 윌리엄 워즈워스

"절제는 또 다른 형태의 용기다. 절제는 인격을 구성하는 중요한 요소이며, 모든 미덕의 뿌리다." – 새뮤얼 스마일즈

셋째, 절제의 성품을 대화로 가르치세요. 자녀들이 성품을 배울 수 있는 기회는 일상에서 경험하는 짧은 단서들로 이루어집니다. 부모와 교사가 매일 들려주는 대화에서 자녀들은 절제의 성품을 배웁니다. 편안한 일상생활에서 다음과 같이 말하면서 절제하는 모습이 무엇인

지 자연스럽게 알려주면 효과적입니다.

"다른 사람과 이야기할 때는 침착한 마음을 가져라."

"네 화가 가라앉기 전에는 엄마가 더 말할 수 없어."

"마음을 다스리는 일이 가장 중요해."

"화가 났지만 참고 밖으로 나갔단다."

"아빠는 화난 채 말하지 않으려고 노력했단다."

"당장 그만두고 싶었지만 엄마는 참았단다."

자녀와 함께 일상에서 찾을 수 있는 절제의 성품에 대해 이야기해 봅니다. 여러 가지 상황에 대해 대화하면서 그런 상황에서 어떻게 해야 절제의 성품을 실천할 수 있는지 이야기해 보세요.

넷째, 자녀가 절제했을 때 칭찬해 주세요. 자녀가 절제할 때마다 칭찬해 주는 것이 효과적입니다. "바로 그거야. 네가 옳은 일을 선택했구나. 참 용기 있는 행동이란다. 그게 바로 절제야."

다섯째, 무엇보다 감정이 격할 때는 절대 말하지 않는다는 규칙을 만들어 놓으세요. 가정에서 모든 식구들이 감정이 격한 상태에서는 서로 '타임아웃'을 외치고 침착해진 다음 말하는 것을 규칙으로 삼으십시오. 그래서 다른 사람과 말할 때는 침착해야 한다는 원칙이 습관이 되게 도와주는 것이 좋습니다.

4) 절제하는 부모가 되는 대화의 기초 공부

욕구가 충돌할 때

부모와 어린 자녀 간에 발생하는 문제들은 대부분 욕구 충돌에서 비롯됩니다. 부모의 욕구와 자녀의 욕구가 서로 다르기 때문에 문제가 발생하는 것이죠. 가령 엄마는 5만 원짜리 운동화를 사주고 싶은데 자녀는 10만 원짜리 유명 브랜드 운동화를 신고 싶어 합니다. 이럴 경우 한 쪽이 양보하지 않는 한 계속 충돌이 일어납니다.

이렇게 부모와 자녀의 욕구가 충돌할 때 이를 해결하는 3가지 방법이 있습니다.

첫째, 힘의 방법으로 힘의 논리가 작용합니다. 힘 있는 사람이 힘없는 사람을 강압적으로 내리누르는 방법입니다. "내가 부모인데 네가 날 따라야지!"라고 말하는 것입니다. 어른의 말에 아이들이 아무 말도 못 하게 하는 방법입니다. 이 방법을 따르면 부모는 승자가 되고 자녀는 패자가 됩니다. 그러나 승리의 대가로 자녀의 원망이 쌓이게 되고 자녀는 부정적인 성격을 가지게 됩니다. 어릴 때부터 이렇게 자란 아이는 창의력이 자라지 않습니다. 남이 시키는 일은 할 수 있지만, 스스로 하는 창의력은 생기지 않습니다.

둘째, 허용적인 방법으로 첫째 방법과 반대입니다. 부모는 약하고 자녀가 강합니다. 그래서 자녀는 늘 승자요, 부모는 늘 패자입니다. 요즘 많은 신세대 부모가 이 경우에 해당합니다. 뭐든 자녀가 원하는 대로 합니다. 매사에 자녀가 기준이 되고 자녀를 중심으로 가정이 돌아갑니다. 그 결과 자녀는 굉장히 이기적이고 자기밖에 모르는 아이가 됩니다.

물론 이렇게 할 때 장점이 전혀 없지는 않습니다. 원하는 것은 무엇이든 다 해볼 수 있으니 아주 창의적인 아이가 될 수도 있으니까요. 그러나 그 창의력이 어떤 창의력일지는 한 번 생각해 봐야 합니다. 절제와 규제가 없는 창의력은 자칫 위험한 일에 사용될 수도 있기 때문입니다.

이상의 2가지 방법이 그 동안 전통적으로 행해졌는데 그 방법들이 순환되어왔다는 사실이 재미있습니다. 자녀들이 어릴 때는 부모가 힘으로 제압합니다. 이는 첫 번째 방법입니다. 그런데 그렇게 자란 자녀가 나중에는 어떻게 될까요? 둘 중 하나입니다. 부모의 말에 맹목적으로 순종하는 자녀가 되든지 정반대로 매사에 반항적인 자녀가 됩니다. 경험적으로 볼 때 대부분의 자녀가 후자에 속합니다. 그렇게 되면 자녀가 항상 승자가 되고 부모는 패자가 됩니다.

시어머니와 며느리 관계도 비슷합니다. 고부간의 갈등이 왜 생길까요? 처음에는 힘 센 시어머니가 힘없는 며느리를 내리누릅니다. 그러한 구도 속에서 며느리는 늘 패자가 됩니다. 그리고 며느리는 시어머니에 대한 원망과 미움을 가슴에 품고 살아갑니다. 그런데 세월이 흐르면서 구도가 바뀌게 됩니다. 시어머니는 점점 힘이 없어지고 며느리는 점점 힘이 세집니다. 나중에는 며느리가 시어머니를 구박하는 상황에까지 이릅니다. 이렇듯 힘의 논리가 작용하는 두 방법이 계속 순환되어 관계의 부정적인 영향을 미치고, 급기야 관계를 파괴하고 맙니다. 따라서 제3의 방법이 필요합니다.

셋째, 제3의 방법이란 한쪽이 승자가 되고 나머지 한쪽은 패자가 되는 방법이 아니라, 양쪽 모두 승자가 되는 방법입니다. 패자가 따로 없이 부모와 자녀 모두 승자가 되는 것입니다. 그래서 무패법이라고도 합니다.

이 방법에서는 사람이 아닌 문제를 보는 것이 중요합니다. 무엇이 문제인지 정확하게 파악하고, 힘이 아닌 민주적인 방법으로 문제를 해결하는 것입니다. 제3의 방법을 잘 배워 사용하면 부모와 자녀의 관계가 놀랍게 변화됩니다.

문제 해결의 6단계

부모와 자녀 사이에 문제가 생겼습니다. 그럴 때는 부모와 자녀가 서로 동등한 관계로 그 문제를 바라봐야 하는데, 이를 위해 6단계의 과정이 필요합니다.

1단계, 과연 무엇이 문제인지 정의를 내립니다.

2단계, 해결책을 제시합니다. 한 가지가 아니라 생각나는 대로 다양한 해결책을 다 이야기합니다. 그 과정에서 부모는 자녀가 자유롭게 해결책을 제시할 수 있도록 분위기를 만들어 주어야 합니다. 부모가 보기에 말도 안 되는 해결책이라 해도 무시하지 말고 일단 다 받아주십시오. 그리고 부모도 자유롭게 자신의 해결책을 내놓을 수 있어야 합니다.

3단계, 해결책을 평가합니다. 제시된 여러 가지 해결책들을 하나하나 평가합니다. 각각의 해결책을 사용할 때 발생할 수 있는 문제들을 꼼꼼하게 따져봅니다.

4단계, 해결책을 선택합니다. 꼼꼼하게 평가한 결과 가장 좋은 해결책을 선택합니다.

5단계, 선택한 해결책을 직접 실행에 옮깁니다.

6단계, 실행한 해결책의 결과를 재평가합니다. 결정한 해결책을 실행했더니 어떻게 되었는지 재평가해 보는 과정입니다. 이것은 다음에 더 좋은 선택을 하기 위한 노력입니다.

이상이 존 듀이가 말한 문제 해결의 6단계입니다. 여기에 0단계를 추가해 봅니다. 0단계는 상대방의 욕구가 무엇인지 알아보는 과정입니다. 어떻게 알 수 있을까요? 반영적 경청을 사용해 자녀의 욕구를 먼저 파악하면 됩니다. 그런 다음 부모의 욕구를 부드럽게 말합니다. 그럼 이 과정을 실습을 통해 알아보겠습니다.

자녀와 오랜만에 외식을 하러 음식점에 갔습니다. 아이들 아빠는 출장을 가서 세 아이를 데리고 가 음식을 주문하는데 큰애와 둘째는 음식을 따로 시켰습니다. 그런데 막내는 음식을 따로 시켜주지 않고 엄마 음식을 같이 먹자고 했습니다. 그러자 막내가 울음을 터뜨리며 말했습니다.

"엄마는 만날 내 것만 안 시켜줘!"

이런 상황에서 문제를 어떻게 해결해야 할까요?

〈0단계 욕구 파악하기〉

반영적 경청을 사용합니다.

"아, 네가 네 몫을 시키고 싶구나."

그 다음에는 엄마의 욕구를 차분하게 이야기합니다. 엄마가 매번 막내 음식을 시켜주지 않는 이유는 다 먹지 못하고 남기기 때문입니다. 이러한 사실을 잘 이야기해 줘야 합니다.

"네 음식을 따로 시켜도 다 못 먹으니까 음식이 남잖아. 엄마는 그것이 아까워. 그리고 돈을 낭비하기도 싫거든."

이렇게 서로의 욕구를 파악했습니다.

〈1단계 문제 정의〉

자녀와 자연스럽게 이야기합니다.

"그러니까 너는 네 것을 시키고 싶지만, 엄마는 네가 음식을 남기는 게 싫고, 돈이 아깝고, 쓰레기가 만들어지는 게 싫은 거야."

〈2단계 해결책 만들기〉

이제 어떻게 해야 할까요? 생각나는 대로 이야기하면 됩니다. 자녀들이 마음껏 자신의 생각을 이야기할 수 있도록 분위기를 만들어 주고, 되도록이면 자녀들이 먼저 이야기하게 하세요. 이런 연습을 반복하면 자녀들의 사고력이 아주 좋아집니다. 그런데 우리는 보통 어떻게 합니까?

"그래? 알았어. 너도 시켜. 엄마가 네 것 같이 먹을게. 됐지?"

이런 식으로 문제를 해결하면 매번 엄마 몫이 없어집니다. 그리고 자녀들이 엄마의 욕구를 모르게 됩니다. 그러면 엄마는 매번 희생해야 합니다. 그러나 그보다 문제가 있을 때마다 엄마가 자녀 대신 해결책을 만들어 줘야 하기 때문에 더 심각한 일입니다. 이렇게 자란 아이들은 창의력이 떨어집니다.

따라서 처음에는 귀찮고 성가셔도 자꾸 연습해 보세요. 그러면 나중에는 이런 식의 대화가 굉장히 재미있음을 알게 됩니다. 또한 자녀들의 생각이 쑥쑥 자라는 것도 느낄 수 있습니다. 그리고 이런 과정을 통해 가족이 하나가 될 수 있습니다.

큰애가 먼저 이야기를 꺼내는데 아주 엉뚱하고 말도 안 되는 해결책을 내놓습니다. 여기서 조심할 것이 있는데, 자녀들이 다소 빗나간 해결책을 이야기해도 결코 비난해서는 안 됩니다. "너, 지금 그걸 말이라고 하니?"라고 하면 안 됩니다. 그러면 자녀들이 할 말을 못하게 됩니다. 그럴 때는 이렇게 이야기해 보세요.

"아, 그래, 그것도 좋겠구나."

만약 장소가 식당이 아닌 집이라면 어떤 문제가 생겼을 때 가족회의를 해도 좋습니다. 작은 칠판을 준비해 자녀들이 내놓는 해결책을 엄마가 적어갑니다. 그렇게 나온 해결책들을 하나하나 함께 생각해 봅니다. 그리고 함께 이야기하면서 가장 좋은 해결책을 찾아냅니다. 이런 식으로 하면 가정에서부터 민주주의를 연습할 수 있습니다.

이제 엄마가 이야기할 차례입니다. 어떻게 하면 좋을까요?

A. 음식을 3개만 시키고 접시를 하나 더 달래서 넷이 나눠 먹자.

B. 오늘은 형들 것 시키고 다음에는 네 것을 시킬게.

C. 먹고 싶은 것 다 시키면 돈이 너무 많이 드니까 대신 조금 싼 음식을 시켜서 먹자.

자, 어느 쪽을 선택하겠습니까? 아마 자녀들마다 원하는 것이 다 다를지 모릅니다. 과연 어느 것이 최상의 해결책인지는 다음 단계에서 다루기로 합시다.

그런데 우리가 왜 이 훈련을 해야 하는지 아십니까? 자녀들의 흥미를 끌면서 논리적으로 문제를 해결하는 능력을 키워줄 수 있기 때문입니다. 자녀들은 이렇게 대화로 진지하게 자신들의 욕구를 다루어주는 부모를 존중하게 됩니다. 이러한 훈련을 통해 좋은 부모, 자녀 관계를 대화로 만들어갈 수 있습니다.

보통 교사들은 학생들과 대화할 때 미리 예상되는 주제들을 생각해 놓습니다. 왜냐하면 학생들의 사고가 멈췄을 때 준비해 두었던 것을 하나씩 꺼냄으로써 학생들의 사고가 계속 진행되도록 할 수 있기 때문입니다.

부모도 마찬가지입니다. 부모가 미리 생각해 놓지 않으면 자녀들이 하자는 대로 끌려 다니게 됩니다. 하지만 자녀들의 사고가 멈추었을 때 "이렇게 하면 어떨까?"하고 제안을 해 주면 자녀들의 생각이 쑥쑥 자랍니다. 그리고 자녀들과 대화할 때는 정확한 문장을 써야 한다는 점도 중요합니다.

〈3단계 해결책 평가하기 - 4단계 해결책 선택하기〉

앞에서 나온 해결책들을 함께 평가하고 선택하는 과정입니다.

A. 음식은 3개만 시키고 접시 하나 더 달래서 넷이 나눠 먹자.(이 방법은 가능할 수도 있습니다.)

B. 오늘은 형들 것 시키고 다음에는 네 것을 시킬게.(아이들은 절대로 이렇게 하려고 하지 않습니다. 아주 성숙한 형이라면 "오늘은 네 것 시켜"라고 할 수도 있지만 보통의 아이들에게는 거의 불가능한 일입니다.)

C. 먹고 싶은 것 다 시키면 돈이 너무 많이 드니까 대신 조금 싼 음식을 시켜서 먹자.(자녀들이 뭐라고 반응할까요? "싫어. 내가 먹고 싶은 것 시킬 거야!" 대부분의 자녀들이 이렇게 대답할 것입니다.)

3가지 해결책이 모두 적절하지 않아 잠시 대화가 멈춥니다. 어떻게 할까요? 그럴 때 엄마가 새로운 해결책을 내놓아야 합니다.

D. 좋아, 먹고 싶은 음식 다 시키는 대신 남는 것은 싸 가자.

자녀들이 어떤 것을 선택했을까요? 아마 D일 것입니다. 이렇게 자연스럽게 4단계 해결책 선택까지 연결이 되었습니다.

〈5단계 해결책 시행하기 – 6단계 해결책 재평가하기〉

시행된 해결책을 재평가해야 합니다. 음식을 싸가지고 오긴 했지만 엄마는 여전히 불만입니다. 안 써도 될 돈을 쓴 것 같아서 마음이 좋지 않습니다. 그래서 한 마디 합니다.

"이것 봐, 다 먹지도 못하고 음식이 남았잖아. 그러니까 다음에는 어떻게 하면 좋을까?"

그러면 자녀들도 뭔가를 느끼고 다시 한 번 생각해 봅니다. 그리고 다음에는 다른 해결책을 선택할 수 있는 마음의 여유가 생깁니다. 생각의 폭이 그만큼 넓어지는 것입니다. 이러한 과정이 바로 재평가입니다.

부모와 자녀의 욕구가 충돌할 때 일방적으로 부모의 욕구대로 밀어붙이거나(첫 번째 방법) 자녀들이 원하는 대로 따라가는 것(두 번째 방법)

은 바람직한 방법이 아닙니다. 그런 방법으로는 자녀들이 건강하게 자랄 수 없습니다. 하지만 제3의 방법을 선택하면 자녀들은 자신이 부모에게 존중받는다는 느낌을 갖게 됩니다. 그 느낌이 자녀들에게 얼마나 소중한 것인지 직접 경험해 보시기 바랍니다.

자율적이고 책임감 있는 자녀로 키우기 위해서는 부모가 먼저 절제하는 성품으로 자녀와 대화할 수 있어야 합니다. 폭발하지 않고 침착하게 자녀의 요구를 듣고 서로에게 유익한 결과를 이끌어내는 부모의 노력이 필요합니다.

5) 절제의 성품으로 변화하는 아이들

성품사례 | 절제의 성품으로 비만에서 탈출하고 있어요!(경기도 수원의 한 학부모)

초등학교 4학년인 딸을 두고 있는 엄마입니다. 우리 딸아이는 먹는 것을 참 좋아해서 키는 작은데 몸무게는 벌써 42킬로그램입니다. 지금은 약간 뚱뚱합니다. 이대로 가면 고도 비만이 될 날이 머지않아 보입니다. 피자, 치킨, 라면, 튀김 등 살찌는 음식을 너무 좋아합니다. 아마 아빠의 영향인 듯합니다. 타일러보기도 하고 비만의 어려움을 이야기하며 혼도 내봤지만 별 소용이 없었습니다.

고민하던 차에 여러 상담사례를 통해 좋은나무성품학교 절제의 성품을 알게 되었고, 딸에게 절제의 성품을 가르쳐 함께 노력해 봐야겠다고 생각했습니다. 무조건 억압해서는 효과가 없음을 알고 내 몸을 위해 먹어야 할 음식과 적당히 절제해야 할 음식에 대해 함께 이야기했습니다. 늘 하던 이야기니까 절제해야 할 음식을 줄줄이 이야기했습니다.

다만 그 날은 무조건 강요하지 않기로 결심하고 딸에게 어떻게 하면 좋겠느냐고 물었습니다. 딸아이는 처음에 저를 쳐다보더니 그럼 일주일에 한 번 먹고 싶은 것을 먹는 날을 정해놓고 먹을 수 있게 해달라고 했습니다. 저는 다소 마음에 들지 않았지만 딸아이의 의견에 따르기로 했습니다.

그 후 저와 딸아이는 절제의 성품이 무엇인지 매일 함께 정의를 외우면서 비만에서 탈출하자고 서로 다짐했습니다. 절제란 '내가 하고 싶은 대로 하지 않고 꼭 해야 할 일을 하는 것'(좋은나무성품학교 정의)이라는 정의를 외우고 또 외웠지요. 이제 거의 3개월이 지났습니다. 지금까지 아이는 별 불만 없이 잘해나가고 있습니다. 오늘도 우리 모녀는 절제의 성품으로 무장하고 씩씩하게 달려갑니다.

자제하는 대화

말과 행동을 조절하는 자제력

통계청의 '2012년 청소년 통계'에 의하면 1년 동안 15~24세 청소년 사망 원인 중 1위가 바로 자살이라고 합니다. 2013년에는 청소년의 자살률 증가 속도가 경제협력개발기구(OECD) 평균보다 훨씬 높다는 결과가 발표되었습니다. 이 통계 결과에 따르면 다른 OECD 회원국의 청소년층 자살률은 감소하는 추세인데 반해 한국 청소년 자살률은 급증하고 있어서 그 심각성이 더욱 큽니다.

자살률이 갈수록 높아지면서 다양한 기관에서 자살의 원인으로 가정문제, 학업문제, 교우문제 등 여러 가지 이유들을 밝혀내고 있지만 자살은 결정적으로 '성품'의 부재로 발생하는 비극입니다.

인생에서 고난은 생명이 있는 유기체라면 누구나 겪어야 할 삶의 과정입니다. 어떤 어려움 속에서도 기쁨의 성품을 소유한 사람은 함부로 자신의 귀중한 생명을 포기하지 않습니다.

'어려운 상황이나 형편 속에서도 불평하지 않고 즐거운 마음을 유지하려는 태도'(좋은나무성품학교 정의)라고 정의하는 '기쁨' 성품의 결여와 '내가 하고 싶은 대로 하지 않고 꼭 해야 할 일을 하는 것'이라 할 수 있는 '절제'의 부족이 순간을 참지 못하고 귀중한 자신의 삶을 포기하게 한다고 여겨집니다.

그러므로 무엇보다도 자녀에게 옳은 일을 위해 자신의 생각과 행동을 조절할 수 있도록 하는 자제력을 가르쳐야 합니다.

자제력은 '자신이 옳다고 판단하는 일을 할 수 있도록 말과 행동과 감정을 조절하는 능력'(좋은나무성품학교 정의)입니다 부모는 일찍부터 자녀에게 "안돼"라고 엄중하게 경고하고 올바를 행동을 선택할 수 있는 결단력을 키우도록 가르쳐야 합니다.

예측 불가능하고 험난한 이 세상에서 자제력을 발휘하려면 자신의 행동으로 인해 초래되는 결과를 인지할 수 있어야 합니다. 즉각적으로 행동으로 옮기기보다는 몇 초간 멈추고 자신을 제어하는 시간이 필요합니다. 이 몇 초간이 결국은 아이들을 위험한 행동으로부터 보호하고 더 이상 속도를 내어 위험한 생각을 구체적인 행동으로 밀고 나가지 못하게 하는 것이지요.

그래서 저는 아이들에게 브레이크 법칙을 가르치고 있습니다. 브레이크 법칙이란 도로를 달리던 자동차가 위험물을 발견하면 즉시 차의 속도를 줄이고 브레이크를 밟아야 하는 것처럼, 내 감정을 주체하지 못하거나 내 뜻대로 되지 않아 화가 날 때, 사고 싶거나 하고 싶은 것을 참지 못할 것 같은 순간에 마음속에서부터 '끼익' 하고 마음의 브레이크를 거는 것이지요. 그렇게 내 마음의 브레이크를 걸어 그 순간을 참아내는 연습은 자제력을 키우는 재미있는 방법 중 하나입니다.

자녀에게 자제력을 잘 가르치기 위해서는 먼저 자제력이 무엇인지 그 정의를 분명하게 가르쳐야 합니다. 폭력적이고 파괴적인 충동을 억제하는 힘이 되는 자제력을 배우지 못한 사람은 앞으로 닥칠 치명적인 영향력 앞에 무방비 상태로 놓이게 되는 것입니다.

1) 자제력을 키우는 성품 연습

① 무조건 마음대로 하지 않고 어떻게 하는 것이 좋을지 멈추어 생각해 보세요.

② 화가 나는 순간에 '절제의 1-3-10 공식'을 사용하세요.

③ 참고 기다려야 하는 상황을 기쁘게 참고 순서를 기다립니다.

④ 폭력적이고 파괴적인 생각이 충동적으로 일어나면 "안 돼"하고 외칩니다.

⑤ 아무도 보는 사람이 없어도 올바르게 행동합니다.

⑥ 자기가 세운 목표를 바라보고 지금 어려운 순간을 참아내며 끝까지 완수합니다.

⑦ 해야 할 일은 미루지 않고 즉시 해결합니다.

데브라 니호프는 『폭력의 생물학』(The Biology of violence)이라는 저서에서 "행동은 뇌와 경험 사이의 대화의 결과다"라고 말했습니다. 어린 시절 뇌에 기록된 경험들은 아이들의 자제력에 엄청난 영향을 줄 수 있다는 것입니다. 베일러대학의 정신의학 과장인 브루스 페리는 대뇌피질이 가장 많이 발달하는 시기인 출생 후 3년 동안이 자제력에 큰 영향력을 끼친다는 사람을 밝혀냈습니다.

대뇌피질은 옳고 그름을 판단하는 도덕적인 추론을 관장하는 뇌이며 충동을 억제하는 고도의 생각이 생겨나는 곳입니다. 페리와 그의 연구진은 어린 시절에 경험했던 반복적인 학대와 무관심, 폭력적인 환경과 공격 등을 당해본 아이들의 뇌가 손상된다는 사실을 알아냈습니다. 그 결과로 본능적인 충동억

제능력도 감소된다는 안타까운 사실도 밝혀냈지요. 이런 아이들은 공격적으로 행동하고 다른 학습장애를 유발하기도 쉬운 위험을 내포한 채 성장합니다. 갈등과 위기가 왔을 때 충동을 참지 못하고 폭력을 휘두르며 드디어 잠재해 왔던 위험들이 드러나게 되는 것입니다.

뉴욕대학의 정신의학 교수인 도로시 루이스는 "어린 시절 뇌에 손상을 입게 되면 두뇌의 화학작용을 변화시킬 수도 있으며 쉽게 폭력적인 행동을 하고 분노를 제대로 억제하지 못하게 된다. 폭력은 유전과 관련된 것도 있지만 많은 경우 환경과 관계가 깊다"고 말했습니다. 또 어느 조사에 따르면 폭력적인 가정에서 자란 아이들은 비행 청소년이 될 가능성이 5배나 높다고 합니다.

그리고 자제력을 방해하는 환경적인 요인으로 폭력적인 영상 매체들을 지적할 수 있습니다. 워싱턴에 있는 미디어교육센터에서는 매일 4시간 이상 TV를 보는 아이들은 갈등 해결을 위해 물리적 공격을 이용하는 경향이 높고, 실제로 충동적인 행동을 할 가능성이 더 많다고 밝혔습니다.

요즘 TV 켜기가 두려울 정도로 폭력적인 내용을 담은 프로그램들은 자라나는 아이들의 내면에 엄청난 영향력을 주고 있습니다. 어른들이 주시해야 할 것은 폭력성을 담은 영화나 각종 프로그램들이, 바로 우리 아이들이 역할 모델을 찾아 모방하는 또 하나의 환경이라는 사실입니다. 폭력적인 비디오 게임이나 아이들이 항상 손에서 놓지 못하고 가지고 다니는 휴대용 오락기의 게임들이 실제로 우리 자녀의 공격적인 행동을 유발시키는 가장 영향력 있는 요인이 되기도 합니다. 부모들은 일찍부터 이런 환경적 요인들을 세심하게 살펴서 제거해 주는 노력들이 필요합니다.

자제력은 아이들이 스스로 행동하고 선택하고 조절할 수 있도록 하는 자기 신뢰의 핵심 능력입니다. 자제력 있는 아이는 다른 사람에게 관대하고 친절하게 대하는 힘을 갖추며, 충동적인 욕구를 뒤로 미루고 다른 누군가를 위해 행동하도록 선한 마음을 자극하게 합니다. 일시적인 쾌락에서 자신을 보호하고 책임감 있게 자신의 일에 집중하도록 인내의 성품으로 나타나기도 합니다. 또한 자제력은 자신의 감정이나, 말, 행동에서 옳은 범위를 정해 그 안에서 행동하게 하는 절제의 성품을 갖추게 하고 욕구 충족을 위해 너무 많이 낭비하거나 탐식하지 않도록 하는 힘이 되기도 합니다.

자제력 있는 사람들은 어떤 행동이 불러올 위험한 결과에 대해 스스로 경고하여 멈추게 하고 자신이 판단하여 감정을 억제할 수 있도록 도와줍니다. 이렇게 중요한 자제력을 키워주기 위해서는 일찍부터 자제력 있는 행동을 역할 모델로 보여주고 가르쳐야 합니다.

2) 자제력을 발달시키는 자녀교육법

첫째. 부모들이 먼저 자제력 있는 모습으로 모범을 보여주세요.

힘들게 일하고 집에 돌아왔는데 아이들이 해야 할 숙제도 안 하고 집안 전체를 어질러 엉망으로 만들어 놓았다면 당신은 어떻게 행동하나요? 자녀들 보는 앞에서 부부가 서로 다투는 모습을 보여주고 있나요? 부모가 분노와 스트레스를 다루고 있는 모습을 보는 지금 이 순간이 바로 자녀에게 자제력을 학습시키고 있는 중요한 순간이라는 사실을 직시해야 합니다. 말다툼 중에도 잠깐 멈추고 "우리 잠시 냉정을 찾고 다시 이야기합시다"라고 말할 수 있어야 합니다.

둘째. 자제력이 무엇인지 정의와 가치를 가르치세요.

"자제력이란 '자신이 옳다고 판단하는 일을 할 수 있도록 말과 행동과 감정을 조절하는 능력'(좋은나무성품학교 정의)이란다"라고 정확하게 그 정의를 가르치셔야 합니다. 그리고 일상에서 자제력이 왜 필요한지 아이들의 시각으로 말해줍니다.

자녀가 숙제하기 전에 TV를 보고 싶은 마음, 식사하기 전에 맛있는 아이스크림을 많이 먹는 것, 화나게 하는 사람을 때리고 싶은 마음과 같은 유혹에 넘어가지 않고 자제력 있는 행동을 했을 때, 기회를 놓치지 말고 칭찬해 주세요. "맞아, 바로 그거야. 네가 옳은 행동을 선택했구나. 그게 바로 자제력이란다" 하고 칭찬하세요.

셋째, 자제력에 관한 좋은 격언들을 찾아 함께 공유하세요.

짧지만 강력한 의미를 담은 자제력에 관한 인용구를 많이 암송하게 하는 것도 중요합니다. 자녀가 자제력을 위한 좌우명으로 삼아 자신의 행동을 조절하게 하는 매개체가 될 수 있습니다. 예를 들면 "생각한 후에 행동하라", "달걀을 품어줘야 닭을 얻는다", "마음을 지키는 자는 성을 빼앗는 것보다 낫다" 등 자제력이 아주 중요한 가치관임을 알게 하는 인용구들을 외우게 하여 자신을 자제하는 능력을 키워주세요. 온 식구가 좋아하는 격언을 선택해 가정의 좌우명으로 삼는 것도 좋습니다.

넷째, 자제력 있는 사람들의 말과 행동을 관찰해 말하게 하세요.

- "나는 지금 화가 나지만 참아야 해. 진정하자."
- "엄마, 그 장난감을 사는 대신 저금할 거예요."
- "말하기 전에 손을 들어요."
- "초콜릿이 맛있겠는 걸. 하지만 난 지금 다이어트 중이야."
- "정말 함께 가고 싶지만 난 지금 공부해야 해요."
- "숙제를 다 하고 TV를 볼래요."
- "자제력 있는 사람은 스트레스 받으면 심호흡을 크게 세 번 해요."
- "밀거나 새치기하지 않고 참을성 있게 줄을 서서 기다려요."
- "나쁜 짓이라고 생각하면 '안 돼' 하고 크게 말합니다."

다섯째, 감정이 격할 때는 말하지 않는다는 규칙을 만드세요.

흥분한 상태에서는 서로 말하지 않고, 감정 통제가 안 되는 위험 수위를 느끼면 스스로 밖으로 나갔다가 돌아오는 습관을 들이도록 가르치세요.

밖으로 나갔다가 진정된 후에 돌아와 다시 이야기하는 규칙을 정하는 것이 중요합니다. 가족 가운데 누군가가 "타임아웃!" 하고 외치면 아무도 질문하거나 비난하지 않고 모두 멈춰 잠시 말하지 않는 규칙을 설명해 주고 지켜나가게 합니다. 이런 방법은 자제력에 문제가 있는 사람들에게 자제력 있는 행동을 연습하게 하고 특히 감정의 기복이 심한 청소년들에게 많은 도움이 됩니다.

| 5 장 |

연령별 성품대화법

유아기
자녀를 위한
성품대화법

유아기 자녀의 심리적 특징

유아기는 인생에서 가장 중요한 시기라고 할 수 있습니다. 이때의 모든 경험이 깊이 각인되어 평생을 좌우합니다. 각인이란 '새겨 넣는다'라는 뜻으로 동판에 글을 새기거나 비석을 쪼아 글을 새기는 것과 같은 말입니다.

오스트리아의 동물 생리학자인 몬라트 로렌츠 박사는 버려진 거위알을 돌봐 인공 부화시키는 데 성공하고 그 연구 성과를 모아 발표해 노벨 생리학상을 탔습니다. 그의 이론에 '각인 현상'이라는 것이 있는데, 이 이론은 새끼가 제 어미를 알아보는 것은 본능이라고 여겼던 당시의 생각을 여지없이 무너뜨리며 새로운 인식을 가져다주었습니다.

이는 자녀를 생리학적으로 낳았다고 다 자녀가 따르는 부모가 되지는 않는다는 이야기입니다. 처음 생명이 태어난 시기에 돌봐주는 존재에게 각인 현상이 일어나고, 자녀를 양육하는 방식대로 각인이 일어나는 것입니다.

생후 초기는 그 중요성에 대해 자꾸 말할 필요도 없이 가장 세밀하고 체계적인 교육이 필요한 시기입니다. 이렇게 중요한 유아기의 심리적인 특징을 설명해 보겠습니다. 각인 현상에서 찾아볼 수 있는 유아기의 특징은 다음과 같습니다.

첫째, 각인 현상은 특정한 시기와 시간대가 있습니다.

둘째, 한 번 각인된 것은 평생 지속됩니다. 심리학자 J. 맥비커 헌트에 따르면 새는 종류에 따라 출생 후 1~2분 혹은 2~3시간이고, 동물은 보통 2~3일에 각인 현상이 일어납니다. 원숭이는 10~14일이 각인 시기입니다. 캐나다의 헵이라는 생리학자는 인간은 태어나서부터 5~6세까지가 아주 중요한 시기라고 지적했습니다. 정신분석학자인 프로이트는 출생 후 5세까지가 한 인간을 결정하는 결정적 시기라고 단정하면서 이론을 전개했습니다.

또 소련의 대표적인 교육학자 마카렌코도 5세를 근본을 이루는 교육 시기로 보고, 미국의 심리학자 킴볼 영도 성격의 주된 특징이 5세 이전에 결정된다고 보았습니다. 교사들의 어머니라고 불리는 이탈리아의 마리아 몬테소리 여사도 0~3세를 무의식적 흡수 시기, 3~6세를 의식적 흡수 시기라고 보고 0~6세 시기가 인생에서 얼마나 중요한 시기인지 정리해 발표했습니다. 그리고 그 심리적인 특징을 잘 살린 몬테소리 교육과 세계적인 몬테소리 교구는 이 시기 아이들의 심리적인 특징에 맞는 학습법으로 지금까지도 전 세계적으로 유명한 교육 방법입니다.

저도 성품을 연구하고 좋은나무성품학교에서 어른들을 가르치는 성품교육과정을 진행하면서, 보통 성인의 90% 이상이 5세 이전 유아기에 받은 상처로 인한 자신의 성품 때문에 지속적으로 고통받는다는 사실을 알 수 있었습니다. 성품내적 치유시간을 통해 어릴 때의 상처를 치유하고 극복해가는 과정을 지켜보면서 인생의 발아기인 유아기의 모든 사건이 초기 고통이 되어 얼마나 깊숙이 한 인간을 좌우하는지를 지켜보았습니다.

따라서 각인의 시기인 유아기에 최대의 예우를 갖춰 아이들을 섬겨야 합니다. 유아기의 자녀들은 존귀하게 대접해야 함을 절대 잊지 마세요. '너는 큰일을 이룰 소중한 존재다'라는 메시지를 우리 태도에 담아 유아기의 자녀를 보살피면 부모의 말과 양육태도가 그대로 아이에게 각인되어 남을 것입니다.

셋째, 두뇌가 발달하는 시기입니다. 아이는 0~3세 때 두뇌가 많이 자란다는 사실을 반드시 알아야 합니다. 1세 이전은 뇌세포가 가장 폭발적으로 성장하는 시기입니다. 그 다음 3세까지 뇌의 일주회로가 완성됩니다. 그 다음 6세까지는 인생에서 두뇌가 가장 발달하는 시기입니다. 그래서 브루너라는 학자는 "인간의 두뇌는 유아기 때 이미 80%가 만들어진다"고 말했습니다. 부모들은 두뇌가 발달하는 이 시기를 놓치지 말고 말과 행동으로 잘 가르쳐야 합니다.

유아기 자녀와 대화하는 요령

첫째, 말하기 전에 사랑의 스킨십을 많이 해 주세요. 13세기 경 로마 제국의 프레데릭 2세 황제는 엄청난 실험을 했습니다. 부모가 없는 갓난아기들을 궁중에 수용한 다음 유모들을 고용해 키운 것입니다. 질 높은 영양, 쾌적한 실내온도, 상쾌한 환경에서의 목욕 등 모든 양육 환경을 최고로 해 주었습니다. 그러나 단 한 가지를 엄격하게 금지했습니다. 아이들에게 말을 걸지 말고 사랑의 표현도 하지 말라는 금지령이었습니다. 필요한 행동만 무표정하게 해야 한다는 규칙을 두고 키우게 했습니다. 그랬더니 놀랍게도 이 아이들은 1년이 채 못 돼 모두 죽었습니다. 그 아이들은 질병과 영양실조가 아닌, 애정 결핍 때문에 죽은 것입니다. 이 실험을 통해 '정신적인 영양분인 사랑이 빠진 양육은 결국 살인이다'라는 사실을 알 수 있습니다

미국의 뉴욕 밸리뷰병원의 심리학자인 로레타 벤더는 11년간 약 6,000명의 아이를 관찰한 결과 아이가 태어난 후 처음 몇 년 동안 부모나 한쪽 부모가 없든지, 부모에게 적절한 대우를 받지 못한 아이들은 신체적 발달 속도가 현저히 늦다는 사실을 알게 되었습니다. 이들은 절름발이 인격이 형성되어 충동적인 행동을 하거나 변덕스러운 행동을 하는 일이 많다는 사실도 발견했습니다.

특히 어린아이일 때 어머니의 사랑이 부족하면 건강 불량, 지능 발달 저조, 정서적 불안, 집중력 부족, 불신, 대인 관계 악화, 신경증적인 증상, 애정 결핍 증세 등 다양한 문제가 발생합니다. 유아기의 자녀들

에게 말할 때 부모는 더 섬세한 애정을 표현해야 합니다. 껴안아주고, 볼을 비벼주고, 어루만져주고, 흔들어주고, 다정한 표정으로 대화하면 자녀에게 안정감과 행복감을 줍니다. 이런 충만한 사랑이 우수한 사람으로 자라나는 초석이 되는 것이죠.

둘째, 유아기 자녀에게 이런 말을 들려주세요.

〈자존감을 세워주는 말〉

"엄마는 너 때문에 행복해."

"아빠는 네가 있어서 살맛이 난단다."

"너는 우리 집 딸의 보배야"

"네가 아빠 말에 순종해 주어서 고맙구나."

〈성품을 훈련하는 말〉

경청, 긍정적인 태도, 감사의 성품 등을 갖게 하는 말들을 꾸준히 연습하세요.

〈엉뚱한 질문을 했을 때 들려주는 말〉

"글쎄, 네 질문이 너무 어려워서 엄마가 잘 모르겠어. 우리 한번 함께 찾아보자."

"어떻게 그런 창의적인 생각을 했니? 넌 참 독창적인 아이야. 앞으로 큰일을 할 사람임에 틀림없어."

〈동생을 돌봐주고 힘들어하는 큰아이에게 해 주는 말〉

"동생에게 멋진 형이 되어주어서 정말 고마워. 네 도움이 없으면 엄만 정말 힘들 거야."

"널 정말 사랑한다. 너는 내 인생의 선물이야."

아동기 자녀를 위한 성품대화법

아동기 자녀의 심리적 특징

자녀들이 일곱 살을 넘어서면 거칠어지고 반항하는 모습을 종종 보게 됩니다. 엄마가 유치원에 가면 그렇게도 좋아하던 아이가 엄마를 보면 부끄러워 숨는 모습에 상처를 받기도 합니다. 책을 좋아하고 밤새워 몇 번이나 반복해서 책을 읽어달라고 졸라대던 아이가 책읽기를 싫어하고 밖으로 다니기를 즐기게 됩니다. 에너지가 밖으로 충만해 잠시도 가만히 있지 않고 몸을 움직이니 산만해진 것 같아 부모의 마음이 불안해지기 시작합니다. 아동기 초기에 이런 모든 행동이 보입니다.

아동기는 몸이 성장하는 시기입니다. 스카몬의 '성장곡선 보고서'

에 의하면 유아기에는 머리가 자라고, 아동기에는 몸이 성장하고, 청소년기에는 성이 자란다고 합니다. 몸이 자라는 시기인 아동기가 되면 아이는 잠시도 가만히 있지 않고 움직이려 듭니다.

에너지가 밖으로 향하는 이 시기에 다양한 문화 활동과 경험을 통해 많은 것을 흡수할 수 있도록 도와주면 훗날 더 많은 문화유산을 산출할 수 있습니다. 이 시기의 자녀들을 책상에만 앉혀두려 하지 말고 같이 여행을 많이 다닐 것을 권합니다. 이 시기에는 여행을 통해 책으로 배우는 것보다 많은 것을 생각하게 되므로 미래를 위한 건전한 투자가 될 것입니다.

어떤 교육학자는 이 시기를 본능적으로 사회 군집을 이루려는 최초의 시기라고 말했습니다. 그래서 또래 집단을 형성하고 자신들만의 리더를 뽑아 숭상하고 부모보다 친구들을 더 좋아하는 시기이기도 합니다. 이때에는 그룹에 끼지 못하는 일이 가장 큰 스트레스가 됩니다. 규칙 지키기, 약속 지키기, 해야 할 학습을 성실히 수행하기 등 책임감의 성품을 훈련하는 일은 이 시기의 가장 큰 과업입니다. 아동기는 성실성을 배워야 하는 중요한 시기이기 때문입니다. 성실성을 배우지 못하면 아이들은 열등감이라는 성품을 형성해 다음의 중요한 성장발달 단계에 치명적인 영향을 끼칩니다.

틴챌린지의 설립자 데이비드 윌커슨은 마약을 복용하는 청소년 가운데 상당수가 부모가 기준을 세워놓고도 고수하지 못하는 가정에서 자랐기 때문에 그렇게 되었다고 단정지었습니다. 따라서 이 시기의 자녀들이 성실성을 배울 수 있도록 가정에서 책임감 있게 자신의 삶을 영위하는 부모의 모습을 보여주는 것이 중요합니다.

결국 일상생활에서 규칙을 지키고, 해야 할 기본적인 일들을 해내도록 가르치는 일이 가장 중요합니다. 또 자녀가 어릴 때부터 마땅히 행할 일을 가르치는 훈계에 일관성을 가지고 다가오는 질풍노도의 청소년 시기를 대비해야 합니다.

재미있는 이야기가 하나 있습니다. 아동기의 자녀가 휴일에 열심히 세차를 하는 아빠를 물끄러미 바라보다 물었습니다.

"아빠, 그 차 많이 비싸요?"

"그럼. 이렇게 비싼 차는 깨끗하게 세차해 주고 잘 보살펴줘야 나중에 비싼 값에 다시 팔 수 있어."

아빠의 이야기를 들은 아이가 말했습니다.

"아빠, 그럼 나는 싸요?"

"……."

어떤 생각이 드시나요? 자녀들은 부모가 함께 있어줄 때 자신이 귀중하고 사랑받고 있다고 믿습니다. 날마다 바쁜 부모들이 돈으로 자녀 사랑을 해결하려 하면 자녀는 부모에게 반항하고 불순한 친구들과 사귀며 엉뚱한 소속감을 갖고 가출하기도 합니다.

아동기 자녀들에게 사랑한다고 말해 주세요. 그리고 귀중한 시간을 내 함께 대화하거나 여행을 떠나거나, 게임을 하시기 바랍니다. 자녀가 부모의 사랑을 느끼면 저절로 부모를 존경하고 따릅니다.

아동기는 가정에 소속감을 갖는 귀중한 시기입니다. 이 시기에 각 가정에서 자녀에게 꼭 해야 할 책임을 맡기십시오. 이 일은 우리 집에서 너밖에 할 사람이 없다는 인식이 내가 우리 집에서 없어서는 안 될 귀중한 사람이라는 소속감을 갖게 만듭니다.

아동기 자녀와 대화하는 요령

첫째, 부모의 태도와 말투를 바꾸세요. 심리학자 토머스 바레시는 수 년 전에 미국의 아이들이 욕설과 폭력적인 행동을 많이 하는 이유를 TV나 스트레스 인한 부모들의 거친 말과 행동을 옆에서 지켜본 결과라고 말했습니다. 자녀에게 강요하지 말고 부모가 먼저 친절한 말, 따뜻한 말, 진실한 말, 자상한 말, 관대한 말과 행동으로 바꾸세요. 자녀가 더 잘 배웁니다.

둘째, 칭찬과 격려를 많이 해 주세요. 사람의 칭찬과 격려를 받는 대로 바뀝니다. 창가에 화분을 놓아보세요. 햇빛이 비치는 쪽으로 모든 잎사귀가 향하는 것을 볼 수 있습니다.

고아들의 아버지인 조지 뮬러 목사님도 어렸을 때는 소문난 문제아였습니다. 이런 문제아에게 동네 교회 목사님의 격려 한 마디가 전환점이 되었다고 합니다.

"조지! 하나님은 한 번 자녀로 삼은 사람은 절대 버리지 않으신단다. 넌 꾸준히 노력만 하면 좋은 습관을 가진 훌륭한 사람이 될 수 있어."

모두가 자신을 불신의 눈으로 바라볼 때 그에게 던져진 이 한 마디가 인생의 새로운 출발점이 되어 훗날 훌륭한 일을 해낼 수 있게 한 것입니다.

"아들아, 너는 해낼 수 있어. 나는 너를 믿는다."

"네가 내 딸이라 얼마나 감사한지 모르겠구나. 나는 정말 행복한 사람이야."

"네가 포기하지 않고 끝까지 해내는 인내의 성품을 지녀서 얼마나 고마운지 아니? 넌 틀림없이 잘해낼 거야."

"정말 잘했구나, 독창성이 돋보이는 작품이었어. 어떻게 그렇게 좋은 생각을 했니?"

셋째, 강요보다 동기 유발이 되는 대화를 시도해 보세요. 정말 알 수 없는 것 중 하나가 아무리 말해도 절대 안 듣는다는 것을 알면서도 일단 부모가 되면 "해라", "하지 마", "했니?" 라는 세 가지 말을 가장 많이 한다는 점입니다. 하루 종일 부모가 자녀에게 하는 말을 분석해 보면 이 세 가지 말을 정말 많이 사용합니다. 그런데 자녀는 강요나 지시하는 말은 절대 듣지 않는다는 대화의 법칙이 있습니다. 이제 그만 포기하고 동기 유발이 되는 대화를 시도해 보시기 바랍니다.

"네가 이렇게 한 것이 정말 최선을 다한 것이었니?"

"네가 정말 디자이너가 되고 싶으면 지금 무엇을 배워야겠다는 생각이 드니?"

"오, 그렇구나. 그럼, 내일부터 어떻게 하고 싶니?"

넷째, 부부의 화목이 우선입니다. 자녀 앞에서 다투거나 서로 흉보지 마세요. 그런 모습을 본 자녀들은 훗날 부모를 업신여기고 무시하게 됩니다.

"엄마(아빠)한테나 잘하세요. 날마다 두 분이 싸우면서 누구보고 싸우지 말라고 하세요?"

자녀가 이렇게 말하는 것을 듣고 싶지 않으면 지금 부부가 화목한 모습을 자녀에게 보이십시오. 부부가 서로 존경하면 자녀가 부모를 존경하게 됩니다. 부부가 서로 무시하면 자녀도 부모를 무시하게 됩니다. 자녀를 앞에 두고 서로를 흉보지 마세요. 부부싸움은 자녀에게 아무 도움이 되지 않습니다.

싸우는 부모 밑에서 자란 아이는 더 힘이 센 사람에게 왔다 갔다 하는 눈치작전의 귀재가 되어 비겁한 사람으로 자라게 됩니다. 그런 아이가 커서 사회생활의 어려움을 호소하면 그때 가슴을 쳐도 소용없는 일입니다.

다섯째, 한 번 안 된다고 한 것은 끝까지 안 된다고 해야 합니다. 아이가 떼쓰고 반항하고 집을 나가고 소리 지른다고 안 되는 것을 되게 해서는 안 됩니다. 아이들이 나이가 들면 유혹이 많고 아직 가치관이 분명하지 않아 부모가 분명한 가치관을 보여주어야 할 때가 있습니다. 아이들이 곁길로 나가지 못하도록 부모가 단호하게 안 된다고 말할 수 있어야 합니다. 지도력을 포기하지 않는 부모가 되겠다는 결심이 필요한 시대입니다.

"남의 것을 몰래 가져오면 나쁜 거야. 지금 돌려주고 오너라."

"그렇게 큰돈이 드는 것을 지금 사달라는 네 요구를 들어줄 수 없단다. 그리고 아빠는 지금 네게 그것이 필요하다고 생각하지 않아. 정 필요하다고 생각하면 커서 네 돈으로 살 수 있을 때 사도록 해라."

"네가 아무 이유 없이 학교에 안 가고 무단결석을 하는 것은 옳은 행동이 아니란다. 엄마와 아빠는 네가 책임감 있게 학교생활을 하기를 원한다."

여섯째, 자녀의 성실성을 칭찬하세요. 이 시기의 자녀가 배워야 할 가장 큰 과업은 성실성입니다 성적이 우수할 때 칭찬하기보다 점수가 잘 안 나왔을 때 격려하세요. 성실하게 열심히 학교에 빠지지 않고 최선을 다해준 것에 감사하다는 말을 들으면 자신의 한계에 절망하지 않고 최선을 다하는 성실한 사회인으로 자랄 것입니다.

"아빠는 네가 공부하느라고 얼마나 고생했는지 안단다. 네가 최선을 다했으면 그것으로 만족한다. 성실하게 네 일을 열심히 한 것만으로도 아빠는 기뻐. 너를 사랑하고 네가 자랑스럽단다.

청소년기 자녀를 위한 성품대화법

청소년기 자녀의 심리적 특징

청소년기는 아동기에서 성년기로 넘어가는 과도기로 자녀들이 혼란을 겪는 시기입니다. 아동이라고 생각하면 어른 같고 어른이라고 생각하면 아동인 참으로 묘한 시기입니다. 청소년기에는 자녀들이 모호한 자아정체성을 찾기 위해 몸부림칩니다. 나는 누구이고, 무엇을 위해 살아야 하는지 생각하면서 자아정체성을 찾아가는 노력들이 때로는 반항으로 나타납니다.

이 시기에 자녀들은 이상한 옷차림과 머리 모양, 요란한 장신구 등으로 기성세대와 다르게 보임으로써 자아에 대해 확신을 갖고 싶어 합니다. 부모에게서 독립하고자 하는 욕구가 본능적으로 샘솟고, 이제 자신도 하나의 독립된 인격체임을 강조하면서 부모의 간섭을 거부합니다.

청소년기의 자녀들을 부모와 친구처럼 되고 싶은 욕구가 강하기 때문에 부모 입장에서 보면 버릇없이 권위에 도전하는 듯한 불쾌감을 느낄 수도 있는 시기입니다. 또한 부모를 주의 깊게 살피면서 수사관처럼 부모의 잘못을 캐내어 폭로하는 역할도 합니다. 부모의 역할을 제대로 하지 못한다는 생각이 들면 인정사정없이 비판하고 화를 내는 것이지요.

특별히 자신에 대해 예민하게 성찰하는 시기이기 때문에 열등감도 강하게 나타납니다. 이 열등감을 감추려고 자녀들은 때에 맞지 않는 건방진 태도로 부모 속을 긁어놓고 기성세대를 비난하며 정의로운 척 소리칩니다.

이 시기는 참으로 자녀를 키우기 어렵고 힘겹습니다. 그런데 청소년기가 부모로서는 하늘이 또 다른 선물이었음을 나중에야 알게 되었습니다. 유아기의 어린 자녀들은 누가 보아도 하늘의 선물임을 금방 알 수 있습니다. 어린 자녀를 볼 때마다 느껴지는, 어디서 왔는지 알 수 없는 생명의 신비가 어설픈 부모의 노고를 위로합니다. 새 생명을 어떻게 키워야 할지 모르는 당혹감도 아이의 웃음 한 번으로 모두 날아갑니다.

부모를 전폭적으로 의지하여 생명을 유지하는 어린 자녀를 볼 때마다 어디서 오는지 알 수 없는 큰 힘이 부모로 하여금 새롭게 도전하고 개척하게 만듭니다. 그렇게 부모 역할을 시작하게 한 이 신비로운 선물이 무럭무럭 자라 이제는 부모 손이 안 가도 혼자서 잘 살 수 있겠다고 안도할 수 있을 정도가 되었습니다. 이제 부모들도 부모 역할에 익숙해지고 가정이라는 틀도 웬만큼 안정되어 평안의 시기를 맛보려 하는 순간 갑자기 아이가 바뀌며 이상한 행동을 나타내기 시작합니다.

바로 청소년기 자녀의 모습입니다. 부모들은 또다시 어떻게 해야 할지 알 수 없어 불안하고, 이제 한시름 놓으려는 순간 또 다른 전쟁이 시작됩니다. 이 시기의 자녀는 절대 하늘의 선물 같지 않은 밉살스러운 모습으로 부모를 괴롭힙니다. 하지만 세 자녀를 키우면서 이 시기의 자녀가 부모의 복임을 깨우쳤습니다. 이 아이들이 없었다면 중년의 부모는 안일하게 안주하며 살았을 테니까요.

자녀로 인해 부모가 자신의 연약함과 한계를 깨닫고 겸허해지기 때문에 자녀는 부모에게 복입니다. 중년의 부모에게 청소년기 자녀는 그 동안 살아왔던 자신의 삶을 돌아보게 하는 강력한 힘이 있습니다. 그 동안 쌓아온 자신도 알 수 없는 부모로서의 안일함과 고집을 깨닫고 수정하게 합니다. 부모는 다시 새로운 시각으로 자신의 역할을 정비하고 점점 소원해지던 부부관계가 자녀로 인해 다시 결속됩니다.

다시 한 번 같은 배를 탄 공동의 운명임을 깨달아 사력을 다해 함께 노를 젓는 축복, 영원의 세계라는 목적지로 향하는 중간지점에서 만난 휴게실 같은 기쁨, 이 시기는 더 성숙한 성품으로 영글게 하는 마지막 여름의 햇살입니다. 청소년기 자녀는 부모에게 고달픔과 힘겨움을 주는 절망이 아닙니다. 부모가 자신을 성찰하고 성숙해지도록 하늘에서 주신 배려입니다.

저도 어설픈 부모로서 큰아이의 사춘기를 힘겹게 보냈습니다. 그때는 참 많이도 울었습니다. 속상해서 울고, 분해서 울고, 억울해서 울고, 내 모습이 비참해서 울었습니다. 그런데 둘째 아이 때는 조금 더 여유를 갖더니 금방 아이의 모습에서 사춘기 병이 사라졌습니다. 셋째는 식은 죽 먹듯 여유롭게 지나간 것 같습니다. 오히려 아이가 이상하게 달라지다가 점점 자신의 모습을 찾아가는 신비로움을 두 눈으로 똑똑히 지켜보며 마치 누에고치를 빠져나오려고 용트림하는 나비의 모습을 보듯 생명의 신비가 느껴졌습니다.

저는 아이들이 아동기 끝 무렵부터 안 하던 짓을 시작할 때부터 사춘기 병을 앓는 아이라는 뜻으로 '춘기'라고 불렀습니다. 서로를 위한 일종의 경계 장치인 셈입니다. 부모인 나에게는 '이 아이는 지금 사춘기야. 내 잘못이 아니야. 아이가 짜증내고 화를 폭발하면서 도저히 못 봐줄 행동을 하는 이유는 사춘기 병 때문이야. 참아'라고 다독이며 부모로서 진정하기 위한 수단입니다. 그리고 아이에게는 유머를 전달함으로써 서로 팽팽한 긴장을 풀고 여유를 가지려는 노력입니다.

제 경험으로는 사춘기 자녀들과 싸워봤자 아무 이득이 없습니다. 그냥 두 눈 딱 감고 이 시기가 빨리 지나가주기만 바라야 합니다. 그리고 아이를 가르치고 변화시키려 애쓰지 말고 친밀한 관계를 유지하려고 노력해야 합니다. 그게 보약입니다.

청소년기 자녀와 대화하는 요령

청소년기 자녀들이 지나치게 버릇없이 행동할 때는 그런 행동이 습관이 되지 않도록 주의해야 합니다. 부모의 적절한 반응은 자녀가 예의 있는 태도를 갖고 멋진 자아를 정립하는 데 도움이 됩니다.

"네가 속상한 것은 이해가 되는데 엄마는 네가 좀 더 예의 있는 태도를 가지면 좋겠구나."

"너의 행동이 올바른 행동인지 한 번 생각해봐."

"엄마는 네가 그렇게 말하고 행동하는 모습을 보니 너무 상심이 되고 섭섭한 마음이 드는구나. 마치 내가 사랑하는 아들에게 무시당하고 있다는 생각이 들어 슬프단다. 엄마는 너를 사랑해. 너도 엄마가 너를 많이 사랑하고 있다는 거 알지?"

자녀의 건방진 태도를 눈 뜨고 볼 수 없을 때 이렇게 하세요. 책망으로 다스리려 하지 말고 칭찬과 격려로 내면세계를 이해해 주세요. 그래야 열등감을 감추기 위한 방어 기제인 건방진 태도를 없앨 수 있습니다.

"와, 엄마는 그렇게 생각하지 못했는데 넌 참 특별해. 아무튼 넌 큰 일을 할 거야, 틀림없어."

"그럼 네가 엄마 좀 가르쳐줘. 엄마는 평소에 그런 일은 못 하는 줄 알았거든."

"네가 좀 도와줘. 이제는 많이 컸으니까 엄마가 네 도움을 받아야겠구나."

그리고 항상 자존감을 세워주는 말을 들려주세요. 자존감 있는 아이가 자신 있게 세상으로 나아갑니다.

"너는 우리 모두에게 참 귀한 사람이란다. 우리가 너를 얼마나 사랑하는지 아니?"

"너는 뭐든지 할 수 있어. 네가 마음만 먹으면 된단다."

"너는 우리 집 보물 1호인 것 알고 있지?"

"사랑해. 나는 너만 생각하면 마음이 참 기뻐."

"차근차근 해봐. 너는 잘 할 수 있단다."

분노를 자주 폭발하는 청소년에게는 이렇게 하세요. 분노 자체는 나쁜 것이 아니라 잘못 분노하는 것이 문제입니다. 분노의 감정을 잘 다스리지 못하고 파괴적이고 공격적으로 폭발할 때 문제가 됩니다. 자녀가 분노를 드러낼 때 부모가 예민해지면 안 됩니다. 부모가 여유 있게 행동하면 자녀가 감정을 다스릴 수 있게 됩니다.

분노가 폭발할 때 말하지 못하게 하고, 분노가 생기면 어떻게 할지 규칙을 미리 의논하세요. 밖으로 나가 산책을 하거나 운동을 하거나 각자 방으로 들어가 안정을 취한 후 다시 이야기하자고 제안하세요. 분노를 다스리는 각자의 비법을 전수하세요.

"네 의사를 표현하는 것도 좋지만 행동이 너무 지나치지 않으면 좋겠구나."

"조금 전에 한 네 행동을 어떻게 생각하니?"

"분노를 자연스럽게 풀 수 있도록 노력해 볼래?"

"아빠는 네가 다른 것보다 네 마음을 잘 다스리는 사람이 되면 좋겠구나."

"네가 아까 막 화가 나니까 밖으로 나갔다 오더구나. 참 잘했다. 지혜로운 행동이었다고 생각해."

자녀와의 가치관 충돌을 막으려면

아이가 열세 살이 되면 뒤집어진다고요? 자녀를 낳아 키워본 부모라면 누구나 경험적으로 알게 되는 사실이 있습니다. 자녀가 어릴 때는 거의 대부분의 문제가 부모와 자녀 간의 욕구 충돌에서 비롯됩니다. 그런데 자녀가 열세 살을 넘으면 문제의 양상이 달라집니다. 자녀가 그 나이가 되면 사실 부모로서의 역할이 거의 끝난다고 볼 수 있습니다.

13년 동안 부모가 자녀를 어떻게 키웠느냐, 자녀에게 어떤 모델을 보여주었느냐에 따라 자녀의 성품과 태도, 인생 스타일이 형성됩니다. 열세 살 부터는 자녀가 스스로 자신의 삶을 연출하면서 살아가는 것이지요. 그런 점에서 열세 살은 아주 중요한 터닝 포인트입니다. 이에 대해 토머스 고든은 "하나님은 부모에게 13년의 유예 기간을 주었다"라고 말했습니다. 부모의 역할을 제대로 할 수 있는 기간은 13년밖에 되지 않는다는 이야기입니다.

13년 이후 자녀들의 모습은 바로 부모 자신의 모습입니다. 13년 동안 부모가 어떻게 살았는가가 고스란히 자녀들에게 반영됩니다. 그런데 보통 부모님들이 뭐라고 이야기합니까? 우리 아이가 전에는 아주 착했는데 친구를 잘못 사귀어서 망가졌다고 합니다. 나쁜 친구 꼬임에 넘어가 가출했다고 말합니다. 자녀가 잘못된 것이 정말 친구 때문일까요?

아닙니다. 친구 탓이 아니라 13년 동안 자녀를 제대로 키우지 못한 부모 탓입니다. 자녀가 열세 살이 되면, 그때부터 부모와 자녀가 어떤 문제로 가장 많이 다툴까요? 바로 가치관의 문제입니다. 열세 살 이전에는 주로 욕구의 차이로 대립이 생긴다면 그 이후부터는 가치관의 차이로 인해 부모와 자녀가 서로 맞서는 것이지요.

그렇다면 가치관이란 무엇입니까? 사람이 살아가면서, 어떤 방식으로 살면 삶의 질이 더 높아질 것이라고 생각하게 되는데, 바로 그런 생각들이 가치관입니다. 그런데 가치관은 사람마다 천차만별입니다. 내 생각과 다른 사람의 생각이 아주 다를 수 있기 때문입니다. 따라서 가치관은 누군가로부터 주입된 것이 아니라 자기 스스로 자연스럽게 터득한 것이라고 볼 수 있습니다.

그럼 몇 년을 살면서 터득한 것일까요? 가치관은 한 평생을 살면서 형성됩니다. 그런데 가치관 형성에 가장 큰 비중을 차지하는 시기가 바로 태어나서부터 13세가 될 때까지의 기간입니다. 그때 경험한 것들이 평생의 가치관이 될 수 있는데, 13년 동안의 경험이 성인이 된 후에도 얼마나 큰 영향을 미치는지 예를 하나 들어보겠습니다.

결혼식을 마치고 설레는 마음으로 신혼여행을 떠났던 부부가 잔뜩 굳어진 얼굴로 돌아왔습니다. 여행 초반부터 대판 싸웠던 것입니다.

도대체 무엇 때문에 그렇게 싸웠느냐고 물어보니 계란 프라이 때문에 싸웠다고 했습니다. 도대체 두 사람 사이에서 무슨 일이 있었을까요?

이 부부는 신혼여행을 가서 호텔이 아닌 콘도에 묵기로 했습니다. 여행 경비도 절약할 겸, 콘도에서 알뜰하게 음식을 해 먹기로 했습니다. 하지만 의도는 좋았는데 실제 상황은 전혀 엉뚱한 방향으로 흘러갔습니다. 콘도에서 첫날밤을 보내고 다음 날 아침이 되었습니다. 아침에 신부가 신랑에게 우유 한 잔과 계란 프라이를 줬는데, 신랑이 와서 먹으려고 보니 계란 프라이가 이상했습니다. 그래서 신부에게 한마디 했습니다.

"계란 프라이가 왜 이런 모양이야?"

이 말에 신부가 가만히 있을 리 없었습니다.

"어머, 그게 무슨 소리야?"

이렇게 해서 싸움이 났습니다. 도대체 계란 프라이가 어떤 모양이었기에 신랑이 그렇게 반응했을까요? 신부 집에서는 계란 프라이를 만들 때, 계란을 푹푹 눌러 앞뒤를 납작하게 한 다음 소금을 뿌렸다고 합니다. 반면 신랑 집에서는 신랑이 어릴 때부터 노른자가 볼록 나온 계란 프라이가 아니면 안 먹었다고 합니다.

그래서 신랑이 신부가 해준 계란을 보고 그렇게 말한 것입니다. 남들이 볼 때는 별 일 아닌 것 같지만 당사자들은 제법 심각했던 모양입니다. 두 사람은 결국 계란 프라이 하나 때문에 감정이 상해 티격태격 싸우다가 한 번 밖에 없는 신혼여행을 망치고 돌아왔습니다.

왜 이런 충돌이 일어날까요? 자라온 환경과 경험이 서로 다르기 때문입니다. 게다가 타고난 기질도 서로 다르기 때문입니다. 남편의 기질과 아내의 기질이 다르고, 시어머니와 며느리의 기질이 다릅니다. 이웃집 엄마와 나의 기질이 다릅니다. 비슷한 기질을 가질 수는 있지만 모든 면에서 나와 똑같은 기질을 가진 사람은 없습니다. 기질이 다르다는 것은 생각하고 말하고 행동하는 패턴이 다르다는 것인데 기질에 따라 삶의 스타일이 달라집니다.

다른 것과 틀린 것은 다릅니다. 상대방의 기질이 나와 다르다고 그 사람이 틀렸다고 말할 수는 없습니다. 그러나 기질이 다른 사람과 함께 있는 일은 쉽지 않습니다. 때로는 엄청난 고통이 수반되기도 합니다. 이렇듯 자라온 환경과 경험, 타고난 기질이 합쳐져 한 사람의 가치관을 형성하는데, 서로 다른 가치관들이 만나 충돌을 일으킵니다.

그렇다면 욕구 충돌과 가치관의 충돌을 어떻게 구분할까요? 상대방의 욕구가 내게 직접적인 영향을 미치는지 아닌지를 가지고 구분합니다. 예를 들어 엄마는 5만 원짜리 가방을 사주고 싶은데 자녀는 10만 원짜리 유명 브랜드 가방을 사고 싶어 합니다. 이것이 욕구의 충돌입니다. 상대방의 욕구가 내게 직접적으로 영향을 미치기 때문입니다.

다른 예로, 엄마는 아들이 머리를 짧고 깔끔하게 자르길 바랍니다. 자고로 남자 머리는 짧아야 멋있다고 생각하기 때문이죠. 반면 아들은 머리를 길게 기르려고 합니다. 짧은 머리보다 긴 머리가 더 멋있다고 생각하기 때문입니다. 이것이 바로 가치관의 충돌입니다. 아들이 머리를 기른다고 엄마에게 어떤 직접적인 영향이 미치지는 않습니다.

다만 싫을 뿐입니다.

가치관이란 세상을 바라보고 이해하는 눈, 다른 말로 패러다임이라고 표현할 수 있습니다. 문제를 해결하는 태도라고도 할 수 있습니다. 가치관은 어려서부터 부모나 친구들, 나와 가장 가까이 있는 의미 있는 타인으로부터 영향을 받습니다. 그런 가치관이 결혼생활을 비롯한 모든 삶에 지대한 영향을 줍니다. 남편의 모습에서 아버지의 모습을 보고, 아버지로부터 받은 부정적인 감정이 남편에게서 묻어납니다.

따라서 현재의 문제를 극복하기 위해 과거에 대한 통찰이 필요합니다. 아버지의 삶과 내 삶을 분리해야 합니다. 아버지는 아버지의 삶을 살고, 나는 나의 삶을 살아가는 것입니다. 과거의 상처를 치유하고 새로운 삶을 살기 위해서는 우선 내가 가진 틀을 깨야 합니다. 이제까지 형성된 부정적인 가치관을 깨고 새로운 가치관을 형성하는 계기를 만들어야 합니다.

이처럼 우리는 누군가에게 영향을 받고 자랍니다. 보통 자신에게 영향을 준 사람들은 의미 있는 타인들입니다. 이에 교육학자 몬테소리는 인간의 0~18세를 가장 중요한 성장 기간으로 보고 이를 몇 단계로 나누어 설명했습니다.

당신의 자녀가 당신과 동일한 가치관을 갖기를 원하십니까? 그렇다면 자녀가 당신을 좋아하게 만드세요. 사람들은 자기가 좋아하는 사람을 닮게 됩니다. 얼마만큼 닮을까요? 90퍼센트 정도, 아니 99퍼센트까지 닮습니다. 그러나 싫어하는 사람이 말을 하면 뭐라고 하던 무조건 정반대로 하려 합니다. 자기가 싫어하는 사람은 머리꼭지도

닮고 싶지 않습니다. 따라서 부모와 자녀의 관계를 친밀하게 발전시키는 것만큼 중요한 가르침은 없습니다.

“내가 가장 좋아하는 사람이 엄마예요”, “내가 이 세상에서 가장 좋아하는 사람이 바로 우리 아빠예요”라는 말이 자녀의 입에서 나오면 문제는 끝난 것입니다. 이런 자녀는 99퍼센트 엄마 아빠를 닮게 되어 있습니다.

그런데 “엄마, 으~ 지겨워. 아빠, 으~ 꿈에 나타날까 무서워”라는 말이 나오면 그 자녀는 100퍼센트 엄마 아빠의 삶을 부정하고 있는 것입니다. 그런 관계에서는 부모가 아무리 좋은 이야기를 해도 자녀는 정반대로 행동하게 되어 있습니다. 요즘 청소년들이 왜 가출하는지 아십니까? 부모를 좋아하지 않기 때문입니다. 애정 결핍, 부모와의 대화 단절 등이 청소년을 혼란과 갈등으로 내몰고 있습니다.

학교도 마찬가지입니다. 학생들이 선생님을 좋아하지 않으니까 선생님을 따르지 않는 것입니다. 부모 세대가 학교에 다닐 때만 해도 선생님들은 존경의 대상이었습니다. 좋은 선생님을 만나 인생이 바뀐 학생도 많았습니다. 그런데 요즘은 어떻습니까? 학생들이 선생님을 존경하지 않습니다. 중고등학생의 80~90퍼센트가 학교를 그만두고 싶어한다고 합니다.

이처럼 우리 청소년들은 집과 학교로부터 점점 멀어지고 있습니다. 가족과 학교의 구성원으로서 그 어떤 애정이나 소속감도 느끼지 못하는 것입니다. 부모님이나 선생님과 의미 있는 관계를 맺지 못하기 때문에 또래끼리 몰려다니거나 연예인에게 열광하는 것입니다.

청소년들에게 나중에 학교를 졸업하면 뭐가 되고 싶은지 물어보면 많은 아이들이 연예계 스타가 되고 싶다고 대답합니다. 왜 그럴까요? 부모나 선생님과 친밀감을 형성하지 못하고 스타들처럼 되고 싶다는 감정이 너무 크기 때문입니다. TV에 비친 스타의 모습이 그렇게 좋아 보일 수 없는 것입니다. 그래서 머리끝부터 발끝까지 닮고 싶어 합니다. 그리고 스타가 가는 곳이라면 학교 공부고 뭐고 다 포기하고 필사적으로 따라다닙니다. 청소년들이 왜 그렇게 연예인에게 열광할까요? 마음이 공허해서 그런 것입니다. 허전한 마음을 채우기 위해 자기가 좋아하는 스타에게 목을 매는 것입니다.

부모와 자녀 사이에 가치관 충돌을 막을 수 있는 좋은 길은 서로 친밀한 관계를 만드는 것입니다. 공부해라, 이거 해라, 저거 해라 들볶지 말고 자녀들을 인격적으로 존중하고 사랑해 주세요. 지금 당장 공부를 못 해도 괜찮고, 열심히 안 해도 괜찮습니다. 자녀와 좋은 관계만 형성되면, 자녀가 부모를 좋아하게 되면, 공부하라는 소리 안 해도 자녀 스스로 공부합니다.

가치관이 충돌할 때 자녀와 대화하는 기술

자녀와 가치관이 충돌할 때 이를 해결하는 방법은 첫째, 부모가 좋은 모델이 되는 것입니다. 부모가 가장 가치 있다고 생각하는 삶의 모델대로 사는 것입니다. 부모도 못 하는 것을 자녀에게 요구하지 마세요.

자녀에게 원하는 대로 그렇게 사십시오. 그래야 자녀들이 부모를 따라옵니다.

아이들은 어른의 거울이라는 생각을 자주 합니다. 평소에 제가 했던 말이 이따금 아이들 입에서 튀어 나오면 정말 깜짝깜짝 놀랍니다. 특히 시부모님을 모시고 사는 사람들은 자녀 앞에서 말과 행동을 조심해야 합니다. 내가 어떤 모델을 보여주느냐에 따라 자녀들이 나중에 그대로 따라합니다. 자녀들이 안 보는 것 같지만 다 지켜봅니다. 당신이 나중에 자녀들에게 대접받고 싶다면 당신이 대접받고 싶은 대로 지금 부모님께 해드려야 합니다.

자녀들이 살아줬으면 하는 대로 부모와 교사 자신이 살아야 합니다. 자녀들 보는 앞에서 책을 보세요. 책 안 읽는다고 야단치지 말고 책을 가져와 자녀와 함께 읽으십시오. 이처럼 부모가 좋은 모델이 되는 것이 자녀와의 가치관 충돌을 줄일 수 있는 첫 번째 길입니다.

둘째, 의논하기입니다. 만약 자녀가 당신을 의논 상대로 생각한다면 당신은 엄청난 특권을 누리고 있는 것입니다. 자녀가 열세 살이 넘어 사춘기에 들어서 온갖 방황과 자신에 대한 연민으로 가득 차 있을 때, 다른 사람이 아닌 부모를 찾아와 마음을 털어놓고 이야기할 수 있다면 그 부모는 정말 행복한 것입니다. 그런 부모가 되기 위해 우리는 준비를 해야 합니다. 자녀들이 어떠한 이야기도 털어놓고 의논할 수 있는 상담가가 되어야 합니다.

훌륭한 상담가가 되기 위해서는 무엇보다 잘 들어주어야 합니다. 어떤 사람이 가슴이 너무 답답해 정신과 의사를 찾아갔는데, 5분만

이야기하겠다고 말해놓고는 한 시간이 넘도록 자기 이야기만 했다고 합니다. 그러더니 갑자기 벌떡 일어나 상담해 주셔서 감사하다고, 좋은 말씀 해 주셔서 너무 감사하다고 하면서 인사하고 가더랍니다. 사실 그 의사는 들어주기만 했습니다. 그런데도 상담하러 온 그 사람은 속이 시원하다고 하면서 돌아갔습니다.

자녀와의 가치관 대립을 줄이기 위해서는 이처럼 부모는 말을 적게 하고, 대신 자녀로 하여금 더 많은 말을 하도록 해야 합니다. 그런데 실제 우리들은 그러지 못합니다. 부모가 얼마나 마음이 앞서는지, 얼마나 많은 것을 주고 싶은지, 잠시도 가만있지 못합니다. 말을 시작하면 끝없이 거의 일방적으로 쏟아 붓습니다. 부모의 그런 행동이 자녀에게 얼마나 스트레스가 되는지 생각하지 못합니다. 그런 부모는 결코 자녀의 의논 상대가 될 수 없습니다.

따라서 우리는 지금부터 준비해야 합니다. 자녀의 좋은 상담가가 될 수 있도록 여러 가지 준비를 해야 합니다. 자녀들이 건강한 사회인이 되도록 자녀에게 여러 가지 유용한 정보를 제공해 주고 자신에게 맞는 길을 선택할 수 있도록 인도하기 위해 폭넓은 삶의 지식을 갖추어야 합니다. 그러기 위해서는 공부해야 합니다.

자녀가 유아기라면 유아기 심리를 공부하고 아동기면 아동기의 심리를 공부해야 하며, 청소년기면 청소년의 문제가 무엇인지, 그들의 심리 상태가 어떤지 공부해야 합니다. 자녀가 사회에 진출하려 하면 그에 대한 준비도 해야 합니다. 자녀가 결혼하고자 한다면 결혼에 대한 책도 읽어보고 자신의 결혼생활을 돌아보며 자녀가 결혼을 잘 준비할 수 있도록 조언해 주어야 합니다.

이러한 준비가 자녀의 인생에 얼마나 중요한지 모릅니다. 인생이란 돌고 도는 원이 아니라 직선입니다. 일정한 단계를 거쳐 앞으로 나아가는 것입니다. 유아기를 거쳐 아동기로, 아동기를 거쳐 청소년기로, 청소년기를 거쳐 성년기로, 성년기를 거쳐 중년기로, 그리고 중년기를 거쳐 노년기를 향해 가는 것입니다. 따라서 어느 기간도 소홀히 지나칠 수 없습니다. 앞의 삶이 뒤의 삶에 영향을 미칩니다. 자녀가 장래에 행복한 삶을 살기를 원한다면 지금부터 준비하기 바랍니다.

셋째, 자기 수정하기입니다. 미국의 어느 심리학자이자 상담가가 자기 아들이 머리를 기르고 다니는 모습이 영 마음에 들지 않았다고 합니다. 그래서 아들에게 머리 좀 자르라고 했답니다. 그런데 아들은 머리가 길어야 멋있다면서 머리 자르기를 거부했습니다. 아버지와 아들이 머리 스타일에 관해 서로 다른 가치관을 가졌던 것입니다. 아버지로서는 아들이 왜 머리를 기르려고 하는지 도무지 이해가 안 됐습니다. 긴 머리를 고집하는 아들의 심리가 무엇인지 궁금했습니다. 그래서 자기도 아들처럼 머리를 길렀습니다. 직접 아들의 입장이 되어 그 마음을 느껴보고 싶었던 것입니다. 아버지는 자기가 싫어하는 스타일임에도 꾹 참고 계속 머리를 길렀습니다. 그런데 막상 머리를 기르고 보니 생각했던 것처럼 그렇게 나쁘지 않더랍니다. 그런대로 봐줄만 했습니다. 그렇게 자기 아들의 마음을 이해하게 됐다는 것입니다. 그런데 재미있게도 아버지가 머리를 기르자 아들이 머리를 잘랐다고 합니다.

이것이 바로 자기 수정입니다. 상대방을 내 기준에 맞추지 않고 내가 상대방의 기준에 맞추는 것입니다. 상대방이 아니라 나 자신을 수정하려 애쓰는 것입니다. 물론 변화시킬 수 있는 것이라면 변화시켜야 합니다. 그러나 도저히 변화시킬 수 없다면 그것을 있는 그대로 받아들여야 합니다.

더 좋은 가치를 향해 떠나는 여행, 성품교육

가치관이라는 것이 참 재미있습니다. 미국의 어느 식물원에서 있었던 일입니다. 멀쩡하게 생긴 한 청년이 식물원 안에서 갑자기 옷을 벗었습니다. 주위에 있던 모든 사람들이 놀라서 그 청년을 쳐다보았습니다. 그곳은 선인장 식물원이었는데, 글쎄 그 청년이 옷을 벗더니 선인장에 뛰어들어 그 위에서 데굴데굴 굴렀습니다. 그 청년은 온몸이 가시투성이가 되어 병원으로 실려 갔습니다. 그 청년은 도대체 왜 그런 행동을 했을까요? 병원에서 그 청년에게 왜 그런 행동을 했느냐고 물어보았습니다. 그랬더니 그 청년이 그 상황에서는 그렇게 하는 것이 가장 멋져 보였다고 말했습니다.

우리의 삶이 그렇습니다. 모두 자기 가치관에 따라 자기 좋은 대로 삽니다. 이웃집 엄마가 하고 다니는 모양이 마음에 안 든다고요? 그냥 놔두세요. 그것 때문에 싸울 필요가 없습니다. 이웃집 엄마가 보기에는 나도 마찬가지입니다. 우리 모두 각자가 좋다고 생각하는 것을 선택하며 사는 것입니다.

다만 중요한 것은, 사랑하는 나의 자녀들에게 일찍부터 그들이 갖고 있는 생각의 틀을 넓혀주고 건강하게 해 주는 것입니다. 내가 지금 갖고 있는 생각보다 더 좋은 생각이 있을 수 있는 가능성의 문을 열어 놓게 하여 늘 더 좋은, 더 높은, 더 훌륭한 생각의 틀을 향해 나아가게 하십시오. 그 생각들이 바로 그들의 가치관이 된다는 사실을 직시하고 오늘 더 좋은 가치가 무엇인지 찾아 떠나는 여행이 필요합니다. 그것이 바로 '성품교육'입니다.

관계를 회복하는 좋은 성품

지혜란 '내가 알고 있는 지식을 나와 다른 사람들에게 유익이 되도록 사용할 수 있는 능력'(좋은나무성품학교 정의)으로 부모가 알고 있는 지식은 반드시 자녀에게 유익이 되도록 해야 합니다.

첫째, 존재에 대한 감사를 실천하는 지혜를 사용하세요. 저는 성품교육을 해오면서 "바꿀 수 있는 것은 최선을 다해 바꿔라. 그 일은 나의 인내의 성품을 개발하기 위해 주신 신의 선물이다. 그러나 아무리 노력해도 바꿀 수 없는 것은 그대로 받아들여라. 그것은 나에게 감사의 성품을 훈련하기 위해 주신 신의 선물이다"라고 가르칩니다.

부모와 자녀의 관계는 아무리 노력해도 그 대상을 바꿀 수 없는 감사의 선물입니다. 그래서 우리는 먼저 서로를 향해 감사의 말을 하면서 관계를 맺기 시작해야 합니다. "네가 내 아들(딸)인 것이 정말 감사하다"라고 말입니다. 그러면 자녀는 "엄마(아빠)가 나의 부모인 것에 정말 감사드려요"하고 화답할 것입니다. 이렇게 서로의 존재에 대한 감사로 시작하는 것이 지혜로운 방법입니다.

아무리 옆집 아이를 부러워하고 옆집 부모를 부러워해도 나의 것이 아닙니다. 그래서 부모와 자녀 관계에서 비교는 절대 금물입니다. 비교하면 비극이 시작됩니다. 내게 있는 것부터 감사하는 감사의 법칙을 잊지 마세요.

부모라는 직책은 하늘에서 내려준 가장 고귀하고 소중한 것입니다. 회사에서 운영자가 실패하면 회사가 무너지고 그 회사의 일자리가 무너집니다. 하지만 가정에서 부모의 역할이 무너지면 자녀의 인생 전체가 무너지고 삶이 왜곡됩니다. 그리고 그 악영향은 가정뿐 아니라 사회 전체로 퍼져나갑니다. 또 당대뿐 아니라 다음 세대로 계속 이어져 대대손손 내려갑니다. 부모라는 직책이 무너지면 부모가 그 동안 이룬 사회적 성공, 자아실현을 위한 노력은 물론 인생의 전체가 무너집니다. 부모들은 이 귀중한 직책을 가장 중요한 일로 여기고 삶의 우선순위에 놓아야 합니다. 2003년 4월 26일 미국 국무부 대변인 제임스 루빈은 아내 아만포가 출산하자 자녀 양육에 전념하기 위해 3년 동안 대변인 직책을 그만둔다고 발표했습니다. 부모의 직책이 한 나라의 대변인 직책보다 귀중했기 때문입니다.

또한 저는 자녀를 돌보면서 그 속에 있는 자신의 연약함을 볼 수 있기를 소망합니다. 아이들의 연약함이 바로 나의 모습임을 알 때, 우리는 좀 더 겸허한 부모가 될 수 있습니다. 자녀들이 바로 나의 거울입니다. 그래서 무조건적으로 수용의 범위를 넓혀갈 수 있습니다.

부모 자녀 관계가 이렇듯 중요하고 고귀한 사명임을 알고 있지만 여전히 괴로움은 남기 마련입니다. 저도 아이 셋을 키우면서 그 괴로움을 하늘에 하소연할 때가 많았습니다. 어느 가정이나 드러내지 못하고 삭여야 하는 괴로움은 똑같은 무게일 것입니다. 하지만 자녀라는 선물이 아니면 이렇게 인생을 진지하고 겸허하게 배울 수 없었을 것입니다. 자녀를 어떤 누구와도 비교하지 말고 존재 자체에 대해 감사의 성품을 계발하기 바랍니다.

둘째, 부모의 말을 바꾸세요. 부모가 알아야 할 지식을 지혜롭게 쌓아가기 바랍니다. 성품의 표현인 '말'을 부모가 먼저 바꾸는 지혜를 실천하세요. 말은 자녀 사랑을 표현하는 중요한 도구입니다. 부모의 말 한 마디가 자녀를 살리기도 하고 죽이기도 합니다. 말이 바로 나의 성품임을 잊지 마세요.

그리고 그 성품은 학습되는 것입니다. 부모인 우리가 사용하는 말은 우리의 부모나 다른 사람들에게 배운 것이고 그것을 다시 자녀들이 배웁니다. 나의 성품이 부정적이라면 긍정적인 성품으로 바꿔나가세요. 성품은 바꿀 수 있습니다. 지금부터라도 긍정의 표현으로 나의 모든 말을 바꾸겠다고 결심하세요. 말을 바꾸면 성품도 바뀝니다.

셋째, 호루라기를 비싸게 주고 사지 마세요. 벤저민 프랭클린이 일곱 살 때의 일입니다. 어느 날 그는 완구점으로 가서 값도 묻지 않고 계산대에 동전을 몽땅 꺼내놓은 뒤 호루라기를 달라고 했습니다. 호루라기를 무척 가지고 싶었기 때문입니다. 그것을 가지고 집에 돌아온 벤저민은 기쁜 마음에 호루라기를 불며 온 집 안을 돌아다녔습니다. 그런데 그의 형과 누나들이 호루라기를 너무 비싸게 주고 산 것을 알고 놀려대기 시작했습니다. 그는 분해서 울고 말았습니다.

훗날 그는 프랑스 사절단 대표가 되었을 때 그 일을 회상하며 말했습니다. "사회에 나와 세상 사람들을 관찰해 보니 아주 많은 사람들이 나처럼 호루라기 값을 과하게 치른다는 사실을 알게 되었습니다. 결국 인간이 느끼는 불행의 대부분은 그들이 사물을 제대로 평가하지 못해서, 즉 호루라기 값을 제대로 가늠하지 못하기 때문에 생깁니다."

부모인 우리가 가져야 할 세 번째 지혜는 부모로서의 괴로움을 너무 과하게 주고 사지 말라는 것입니다. 자녀를 향해 지나치게 예민하게 반응하고 괴로워하면서 비싸게 값을 치르지 말기 바랍니다. 힘든 시기의 괴로움은 성장하면서 겪는, 그냥 그렇게 지나가는 아픔이라고 여기십시오. 괴로움은 작게 느끼고 자녀를 기르면서 얻는 축복과 기쁨에 크게 반응하는 부모가 됩시다.

인내라는 성품이 있습니다. 인내(Patience)란 '좋은 일이 이루어질 때까지 불평 없이 참고 기다리는 것'(좋은나무성품학교 정의)입니다. 자녀 양육의 길은 부모가 인내의 성품을 연마하는 길이라고 생각합니다. 자녀를 바라보며 언제까지 인내할까요? 바로 자녀가 바르게 자랄 때까지입니다. 부모가 포기하지 않는 자식은 결국 성공하는 법입니다.

넷째, 충분히 '단념'하는 법을 배우세요. 쇼펜하우어가 말했습니다. "인생의 길을 떠날 때 충분히 단념하는 것이야말로 무엇보다 중요한 준비다." 맞습니다. 부모의 길에서도 '단념'의 지혜가 필요합니다. 불가능한 것을 되게 하려는 노력만큼 비참한 일도 없습니다. 자녀를 기르면서 뜻대로 안 될 때 부모는 가장 비참함을 느낍니다.

저는 결혼 전부터 자녀에 대한 욕심이 많았습니다. 중학교 3학년

때부터 '딸아이가 될 소녀에게'라는 제목으로 저의 딸이 중3이 되면 주겠다고 일기를 쓰면서 글을 모은 일은 지금도 잊지 못합니다. 엄마가 될 중3 소녀의 꿈과 소원에 대해 적은 그 일기장은 아직도 주인을 찾지 못한 채 서랍 깊숙이 보관되어 있습니다. 저에게는 아들만 셋이 있기 때문입니다. 딸을 낳는 일을 단념하기가 얼마나 힘들었는지 모릅니다. 그 일기장을 전해 주기 위해 시도도 해봤지만 결국 자연유산이라는 아픔을 견뎌야 했습니다. 나중에야 빨리 단념했으면 좋았을 것임을 알았습니다.

저는 일찍이 자녀를 셋 낳아 아이들이 현악 3중주를 연주하기를 꿈꿨습니다. 그러다 드디어 큰아이에게 첼로를 가르치기 시작했습니다. 덩치가 커서 첼로가 어울린다는 생각이 들고 잘해내리라 믿었습니다. 그러나 아이는 첼로보다 클라리넷을 배우겠다고 고집을 부렸습니다. 결국 저는 비싼 첼로를 사서 신주 단지 모시듯 장식품으로 모셔두게 되었습니다. 속이 많이 쓰렸습니다. 결국 큰아이는 클라리넷을 중학교까지 불다가 대학에서는 커뮤니케이션을 전공했습니다. 충분히 단념했으면 그 고생을 안 했을 텐데 말이지요.

둘째는 계획대로 여섯 살 때부터 바이올린을 가르치기 시작했습니다. 둘째를 위해 청주로 내려가 제가 운영하는 유치원에 당시 유명했던 스즈키 바이올린 방식으로 가르치는 특별한 바이올린 교습반을 만들어 가르치기 시작했습니다. 바이올린도 사고 매주 목요일이면 온 유치원이 바이올린 소리로 요란해도 둘째 아이가 바이올린을 잘 배우리라는 기대감으로 참을 수 있었습니다. 그런데 웬걸요. 남의 집 아이들은 모두 잘 배우는데 제 아이만 안 하겠다고 생떼를 부렸습니다. 결국 둘째 아들은 중학교 입학 때까지 성악을 하다가 지금은 하와이 코나에 있는 열방대학에서 작곡 관련 전공을 공부하고 있습니다. 진작 그 길이 아님을 알았으면 그 고생 안 했을 텐데요.

드디어 저는 셋째에게 소망을 걸고 피아노를 가르치기 시작했습니다. '너는 엄마의 마지막 희망이야'라는 생각에 피아노 과외선생님도 부르고 비싼 피아노도 사고 정말 열심히 가르쳤습니다. 그런데 도대체 진도가 안 나갔습니다. 그러던 중에 셋째는 아예 자기는 피아노에 흥미가 없다고 선포했습니다. 그래도 경험이 있어 셋째는 일찍 단념이 되었습니다. 셋째는 드럼을 좋아합니다. 아무 데서나 손과 발이 춤을 추는 것을 보니 드럼이 그 아이 적성에 맞는 것 같습니다.

이렇게 자녀를 기르면서 아이들이 절대 부모 뜻대로만 되지는 않음을 깨달았습니다. 공연히 인생을 강요하려 하지 말고 빨리, 충분히 단념하는 것이 부모의 지혜입니다.

페니 백화점의 창설자 J. C. 페니가 말했습니다.

"나는 전 재산을 잃는다 해도 고민하지 않을 것이다. 걱정한다고 도움 되는 일이 아무것도 없기 때문이다. 다만 최선을 다하고 결과는 위에 계신 분께 맡길 뿐이다."

헨리 포드도 말했습니다.

"내가 감당할 수 없는 일은 그쪽에 맡기기로 했다."

반면 부정적인 태도는 자녀에게 나쁜 영향을 미칩니다. 이른바 낙인효과라는 것인데, 부모가 자녀에게 "네가 하는 일이 다 그렇지",

"네가 뭘 하겠니?", "넌 안 돼!"라고 비난하고 평가하면서 자녀가 가진 가치를 깎아내리면, 자녀는 어느새 부모가 말한 대로 아무것도 할 수 없는 아이가 될 수 있다는 것입니다.

부모의 긍정적인 기대와 격려는 자녀에게 큰 영향을 끼칩니다. 흔히들 "마음먹기에 달렸다"라고 이야기합니다. 부모의 긍정적인 태도는 자녀를 더욱 긍정적이고 자신감 있는 아이로 만들어줍니다.

소크라테스가 독배를 마시기 전 유언을 남겼습니다.

"불가피한 일은 조용히 견디십시오."

그 말을 실천하듯 신에 가까운 평정과 인내로 죽음을 맞은 소크라테스의 마지막 말을 모든 부모가 지혜의 말로 새기기를 바랍니다.

다섯째, '함께함'의 철학으로 기뻐하세요. 그러고 보니 제가 부모가 된 지도 벌써 30년이 다 되어갑니다. 30년 동안 부모로서의 삶을 돌이켜볼 때 가장 귀중했던 시간은 자녀들과 '함께했던 모든 순간들'이었던 것 같습니다. 그 아이들과 '함께함'이 바로 인생의 의미이고 목적이었던 것 같습니다.

그런데 이 깨달음이 왜 이렇게 늦게야 찾아왔을까요? 아이가 "나 좀 봐" 하며 외치는 그 순간 멈춰 함께하는 일이 가장 큰 인생의 낙이고 가치 실현이고 성공인 것을, 뭐 그리 할 일이 많다고 뛰어다녔는지 지금 생각하면 안타까울 뿐입니다.

제가 다이아나 루먼스의 이 시를 무척 좋아하는 이유도 때늦은 부모의 안타까움을 어찌 그리 잘 노래했는지 저의 후회가 그 속에 공감으로 녹아 있기 때문입니다.

만일 내가 다시 아이를 키운다면
먼저 아이의 자존심을 세워주고,
집은 나중에 세우리라.
아이와 손가락 그림을 더 많이 그리고,
손가락으로 명령하는 일은 덜 하리라.
아이를 바로잡으려고 덜 노력하고,
아이와 하나가 되려고 더 많이 노력하리라.
시계에서 눈을 떼고,
눈으로 아이를 더 많이 바라보리라.

만일 내가 다시 아이를 키운다면
더 많이 아는 데 관심을 갖지 않고,
더 많이 관심 갖는 법을 배우리라.
자전거도 더 많이 타고,
연도 더 많이 날리리라.
들판을 더 많이 뛰어다니고,
별들을 더 오래 바라보리라.
더 많이 껴안고 더 적게 다투리라.
도토리 속의 떡갈나무를 더 자주 보리라.
덜 단호하고 더 많이 긍정하리라.
힘을 사랑하는 사람으로 보이지 않고,
사랑의 힘을 가진 사람으로 보이리라.

혹시 저에게도 다시 아이를 키운다면 무엇을 하고 싶으냐고 묻는다면 저는 주저 없이 그저 아이들과 함께하면서 즐거워하겠노라고 말할 것입니다. 아이들이 울 때 함께 울어주고 기뻐할 때 함께 기뻐해 주겠노라고 말하겠습니다. 아이들이 우쭐거리며 익숙하지 않은 모습으로 자기들을 봐주기를 원할 때 비판하지 않으며 함께 그들의 자랑을 인정해 주는 부모가 되어보고 싶습니다. 다시 아이를 키운다면 말입니다.

큰아이가 대학을 졸업하고 미국에서 오랜만에 아이들과 호젓한 시간을 즐기고 있었습니다. 프린스턴대학의 교정을 산책하다가 한 부부가 분수대 앞 광장에서 어린 자녀가 함께 물놀이하는 모습을 보았습니다. 재미있게 놀던 아이를 부모가 들어 올려 유모차에 앉히려 했습니다. 아이가 발버둥 치며 울어댔습니다. 그 울음이 얼마나 크던지 온 교정에 아이의 울음소리가 퍼졌습니다.

그 모습을 보던 제가 아이들에게 말했습니다.

“아이는 저렇게 울면서 더 놀겠다고 엄마, 아빠에게 큰 소리로 말하는데 부모가 못 듣고 있잖아? 나는 이렇게 들리는데.”

그러자 우리 아이들이 갑자기 눈을 동그랗게 뜨면서 말했습니다.

“그런데 엄마는 왜 우리 소리는 그렇게 못 들었어요?”

“그러게 말이다. 지금은 이렇게 잘 들리는 저 소리는 그때는 엄마가 너무 미숙해서 잘 듣지 못했어. 아마 내가 너희들에게 해줄 말이 너무 많아서 그랬을 거야. 내가 말하고 싶어서 너희들의 말을 들을 수 없을 만큼 바빴던 거지.”

뭔지 모를 아쉬움과 억울한 표정을 짓고 있는 아이들에게 저는 서둘러 사과할 수밖에 없었습니다.

"미안하다. 엄마가 너희들의 말을 잘 듣지 못해서. 지금 생각해 보면 너희들에게 미안한 일이 참 많아."

부모로서 산 세월이 많이 흘렀어도 가끔 자녀들과 함께 예쁜 카페에 앉아 맛있는 저녁을 먹는 '함께함'의 축복을 누릴 수 있다니 얼마나 감사한 일인지 모릅니다. 그리고 지난 세월 미숙한 엄마의 부족함을 자녀들에게 사과할 기회가 남아 있다는 것이 얼마나 다행한 일인지 모릅니다. 더 늦기 전에 이 세상 부모들이 '함께함'의 축복을 누리기를 소원합니다.

마지막으로 '함께함'으로 기적을 이뤄 이 시대의 영웅이 된 딕 호잇과 릭 호잇 부자의 이야기를 하겠습니다.

아들 릭 호잇은 태어날 때 탯줄이 목을 감아 뇌에 산소 공급이 중단되면서 뇌성마비와 경련성 전신마비를 겪었습니다. 그 이후로 릭은 혼자서는 움직일 수도 없고 말을 할 수도 없었습니다. 아버지 딕은 특수 컴퓨터를 마련해 아들 릭이 손 대신 머리로 자판을 쳐 의사소통을 하게 했습니다. 릭은 열다섯 되던 해 어느 날 TV를 보다가 총명한 눈빛으로 특수 컴퓨터를 통해 말했습니다.

"아버지, 우리 함께 팀을 이루어 7킬로미터 자선 달리기 대회에 출전할 수 있을까요?"

달리기를 전혀 해 보지 않은 아버지는 아들을 실망시키고 싶지 않아 고심 끝에 아들의 휠체어를 밀어주기로 결심했다고 합니다. 릭은 이때의 체험을 특수 컴퓨터를 통해 아버지에게 전달했습니다.

"아버지, 전 달리면서 처음으로 내 몸의 장애가 사라진 것 같다는 생각을 하게 되었어요."

그때 아버지는 누구보다 뜨거운 심장을 가진 아들을 위해 자신이 기꺼이 건강한 몸이 되어주겠다고 결심했습니다. 그들은 '함께함'으로 기적의 팀을 이루었고, 뜨거운 심장과 건강한 팔과 다리, 건강한 육체를 가진 새로운 사람으로 부활하는 기적을 체험했습니다.

물에서는 돌처럼 가라앉기만 했던 아버지, 여섯 살 이후로 자전거를 타본 일이 없던 아버지가 아들을 위해 수영 연습을 하고 자전거 훈련을 하기 시작했습니다. 그리고 마침내 아버지는 세계 최고의 철인들 사이에서 아들 릭을 태운 작은 고무보트를 허리에 묶고 태평양 바다의 흰 거품을 가르며 헤엄쳤습니다. 자전거에 특수 의자를 만들어 아들을 앞에 태우고 180.2킬로미터의 용암지대를 달리고, 릭이 탄 휠체어를 밀며 42.195킬로미터의 마라톤을 완주해낸 이들 부자는 바로 '함께함'이 이룬 기적이었습니다.

아들은 "아버지가 없었으면 절대 할 수 없었을 일이다"라고 말했고, 아버지는 "아들이 없었으면 절대로 하지 않았을 일이다"라고 했습니다. 아들 릭은 또 특수 컴퓨터를 통해 고백했습니다.

아버지는 나의 전부다.

아버지는 나의 꿈을 실현시켜 주었다.

아버지는 내 날개를 받쳐주는 바람이었다.

'함께함'으로 자녀의 날개를 받쳐주는 이 시대의 영웅, 그들이 바로 부모입니다.

참고문헌

Aristotle on Eudaimonia, ackrill, K, L., A, O. Rorty, ed(1980)

"A six-District Study of Educational Change", Social Psychology of Education 4, pp.3-51, Daniel Solomon et al.(연구의 요약은 'www.devstu.org' 참조)

Rasing Good Children, Thomas Lickona(Bantam Books, 1985)

The Altruistic Personality : Rescuer of jews in Nazi Europe, Samuel P. Oliner and Pearl M. Oliner(Free press, 1988)

『감성지능』, 대니얼 골먼 지음, 황태호 옮김(비전비엔피, 1996)

『나를 찾아 떠나는 여행 - 성품』, 이영숙(두란노, 2007)

『날마다 행복한 자녀대화법』, 이영숙(다온, 2005)

『부모 역할 훈련』, 토마스 고든 지음, 이훈구 옮김(양철북, 1989)

『성품 ON』, 이영숙(좋은나무성품학교, 2014)

『성품 좋은 아이로 키우는 부모의 말 한마디』, 이영숙(위즈덤하우스, 2009)

『성품 좋은 아이로 키우는 자녀훈계법』, 이영숙(두란노, 2008)

『성품, 향기 되어 날다』, 이영숙(좋은나무성품학교, 2012)

『여성성품리더십』, 이영숙(두란노, 2013)

『이제는 성품입니다』, 이영숙(아름다운열매, 2007)

『인격론』, 새뮤얼 스마일즈 지음, 정준희 옮김(21세기북스, 2005)

『인성을 가르치는 학교 만들기』, 이영숙(좋은나무성품학교, 2013)

『한국형 12성품교육론』, 이영숙(좋은나무성품학교, 2011)